高学年児童

がなぜか言うことを
きいてしまう**教師**の

言葉かけ

丸岡慎弥 著

JN011315

学陽書房

はじめに

「高学年の担任は不安だな……」

「はじめての高学年担任だけど、どうしたらいいのだろう？」

「コロナ禍でたくさんの学校行事が中止や縮小になってしまっているけれど、どうやって子どもたちをまとめていけばいいの？」

　本書を手に取ってくださった先生方は、少なからずこうした不安や悩みを抱えていらっしゃるのではないでしょうか。また、「高学年の実践をさらに深いものにしていきたい！」と、高学年の指導に意欲を高めている先生もいらっしゃると思います。

　本書は、そうした先生方の悩みや不安、そして、期待に、「言葉かけ」という視点で解決していくために生まれました。

　もっと子どもたちへよりよい教育を届けたい。私は、ただただそうした思いから、これまで、次の２つのことを学んできました。

・**コーチング**

・**ＮＬＰ**（Neuro-Linguistic Programming の略で、日本語では神経言語プログラミング）

　そして、さらに、子どもたちのよりよい人生とは何かを考えるために、「well-being（ウェルビーイング：身体的、精神的、社会的に良好な状態にあることを意味する概念で、「幸福」と翻訳されることも多い）」についても学んでいますが、いずれも、それぞれのスペシャリストから学び得たことを、教育現場の中で活用していくべく日々実践と研究を重ねています。そうした学びと実践の毎日から、教育において、「言葉かけ」が非常に大切な要素であることを確信したのです。

　人は、言葉を栄養として生きているといっても過言ではありま

せん。偉人や有名人をはじめ他者の言葉にふれることで活力をもらい、やさしい言葉をかけてもらえば癒しになります。そして、「人生とは？」「学ぶということは？」という問いを投げかけられれば、それについてしっかり向き合って考えていくものです。

　言葉が人にもたらす影響の大きさについては、今さら、私が説明をするまでもないことですが、これは、子どもたちにとってもまったく同様のことがいえます。むしろ、感受性の強い子どもたちであればこそ、他者の「言葉かけ」から強い影響を受けるのです。

　これからの時代を生きる子どもたちは、「どのようにしてよりよく生きるか」を実現する力を身につけていかなければなりません。それは、自分自身で考え、自分自身で選択し、自分自身で成し遂げていく力です。そうした力を子どもたちが身につけることができるかどうかは、日頃、子どもたちのそばにいる教師の「言葉かけ」にかかってくるのです。

　本書は、私自身が学んできたコーチングやＮＬＰの要素をふんだんに盛り込んだ効果的な言葉かけの実践を集めたものです。ぜひ、毎日の教室の中で活用してみてください。子どもたちの反応に、言葉の力を感じることができるでしょう。

　コロナの影響により、大きく時代が変わろうとしています。

　私たち教師も大きく変わらなければいけません。コーチングやＮＬＰの要素を含んだ言葉かけを取り入れ、子どもたちとともに新しい時代の一歩を踏み出しましょう！

丸 岡 慎 弥

CONTENTS

CHAPTER. 1

高学年はここを押さえる！
言葉かけの超基本

CHAPTER.2

決め手はここ！
男女別言葉かけの
ポイント

CHAPTER.3

クラスがまとまり活気づく！
学級活動場面での
言葉かけ

CHAPTER.4

落ち着きや成長をどんどん引き出す！
生活指導場面での言葉かけ

CHAPTER.5

集中＆意欲を刺激する！
授業場面での言葉かけ

CHAPTER.6

子どもたちの自治力を育む！
行事指導場面での言葉かけ

高学年はここを押さえる！
言葉かけの超基本

高学年に対する言葉かけは、
低学年や中学年とは異なり、
特別気をつかうものです。
もっとも基本となる言葉かけ10のポイントを、
まずはしっかり押さえましょう。

教師にもある
おびえやビビリは全面肯定

高学年にもなると、「1人の人間」としての自我がめばえはじめます。子どもとはいえ、注意したり、叱ったりすることはどうしても躊躇してしまうものです。まずは、そうした子どもたちの微妙な時期の気持ちを丁寧に受けとめていくことから始めていきましょう。

✔ 言葉かけへの「おそれ」を忘れずに

子どもを注意したり、叱ったりするときに躊躇する気持ちが生まれるのは、教師自身の中に、子どもたちを「1人の人間」として見ようという意識が存在するからです。だからこそ、臆することなく子どもたちと対峙する気構えをもつ必要があります。

高学年であれば、なおさら教師の躊躇する気持ちを見抜きます。言葉かけへの「おそれ」を前向きにとらえ、毅然とした態度で子どもたちと向き合いましょう。

✔ 自分の気持ちを子どもに向ける

高学年への言葉かけに躊躇してしまうときの「(子どもから)嫌われたらどうしよう」「反抗されたらどうしよう」といった「おそれ」が自分自身を守るためならば、教師としての在り方を見直さなければなりません。

子どもたちに指導の意図をきっぱりと伝えていくためにも、教師の気持ちが自分へ向かうのではなく、真っ直ぐに子どもに向いているかが、重要なカギになります。

大前提として「信頼関係」があること

　「同じ職場で働く先生たちにもそのような言葉かけをするのか？」という視点で自分自身の言葉かけを見直してみましょう。子どもといえども、1人の人間として丁寧に向き合うことが大切なのです。そうした関係づくりから、本物の言葉かけは生まれます。

　言葉かけの大前提は、信頼関係ができていることです。信頼関係がない中で、どれだけ素晴らしい言葉をかけても効果は期待できません。

ここがPOINT

 ADVICE!

　「こんな言葉かけをしてみたい」と自分にとってお手本となる先生を探してみましょう。そして、まずはその先生の言葉のかけ方を勉強するのです。

ちょっとしたコミュニケーションから
信頼づくりを積み重ねる

「言葉かけの大前提として、信頼関係があること」が大切であることを前項で述べましたが、では、どのようにして信頼関係をつくり出せばいいのか、その方法を具体的にみていきましょう。

信頼はコミュニケーションの回数で育まれる

人との信頼関係を決める要素の1つとして、「コミュニケーションの回数」が挙げられます。つまり、どれだけ話をしたかという「時間の長さ」ではなく、何回話をしたかという「回数」が決め手になるということです。

「子どもたちとゆっくり話をする時間がとれない」という悩みをもつ先生もいると思いますが、まずは、子どもたちとの会話の回数を意識してみましょう。

どれだけ忙しくても1日1回は声をかける

新任の頃、「どれだけ忙しくても、クラスの子どもたち全員に1日に1回は声をかけること」の大切さを先輩から学びました。これは、私だけではなく多くの先生方が一度は耳にしたことのある教えではないでしょうか。

コミュニケーションの回数については、「ザイアンスの単純接触効果」という心理学の理論にもありますが、現場でも、心理学の知見とは別に、経験則からこうしたことの効果が導き出されています。

チャンスは日々のあらゆる場面に転がっている

　1日に1回以上、個別で子どもたちとコミュニケーションをとるためには、具体的にどうすればいいのでしょうか。日々の学校生活を見渡してみると、そのチャンスはあらゆる場面にあります。

　挨拶、丸付け、ノートチェック、連絡帳の確認など、その機会を最大限に活用しましょう。例えば、プリントを提出させるのではなく、机間巡視しながら、1人ずつその場で丸を付けていくことで、数秒でも教師とその子だけの空間をつくり出すことができます。

ここがPOINT

 ADVICE!

丸を付けながら、さらに、「文字が丁寧で読みやすいね！」「いつも元気だね！」などと、できるだけプラス1の言葉かけを添えていきましょう。

高学年の成長に合わせた
言葉かけの3ステップ

　高学年への言葉のかけ方にはステップがあります。3つのステップを意識して、段階的に子どもたちに言葉かけができるようにしていきましょう。

 ## ステップ1：安心・共感

　第1段階は、「安心」と「共感」です。プラスの言葉かけもマイナスの言葉かけも、そもそも教師と子どもの間に「安心」や「共感」し合えるような関係がなければ効果を発揮することはありません。せっかく言葉をかけても、その子の成長につなげられるような言葉かけにはならないでしょう。

　まずは、子どもたちに「安心」と「共感」をあたえることを意識しましょう。

 ## ステップ2：関心・理解

　「安心」と「共感」を生み出すことができたら、次は「関心」と「理解」の段階に進みます。これは、対話を繰り返すことで、その子の個性などを理解し、子どもたちそれぞれの力を引き出すということです。

　教師が子どもたちのことを把握し、理解していることが前提になければ、子どもたちの力を引き出すことはできません。子どもたち1人1人の特徴に「関心」をもち、そこから「理解」すること（その子の性格や得意なことをつかむなど）へと高めていきましょう。

ステップ3：リクエスト・応援

　最後は、「リクエスト」と「応援」の段階です。つまり、よりよい成果を目指し、チャレンジしていく課題をリクエストし合い、心から応援できる関係性を目指すことです。

　さらに、教師からも子どもからも「言葉をかけ合う」ためには、子どもたちも教師の特徴を理解できていることが前提です。日頃からの、ちょっとした声かけやコミュニケーションの積み重ねを大切にしましょう。

ここがPOINT

ADVICE!

子どもたちからの意見を「反抗」としてではなく、「リクエスト」ととらえましょう。リクエストは教師を信頼しているからこそ発生するのです。

高学年に効果的な
言葉かけ① ほめる

　高学年の子どもたちの成長につなげていくためには、どのようにしてほめるといいのでしょうか。ここで、改めて「ほめる」という行為を見直してみましょう。

ほめることはコミュニケーションの基本

　人をほめるためには、その人のよいところを見ようとしなければいけません。「ほめよう」という視点をもって子どもたちを見れば、よいところはどんどん見えてくるものです。つまり、子どもたちのよいところは、「ほめて伝えたい」という教師側に目的があってはじめて見えてくるものなのです。

　「ほめること」は、教師から子どもへの言葉かけの基本となります。

自分の感じるままを伝える

　ほめるといっても、何でもかんでもほめればいいということではありません。子どもたちは、教師が軽い気持ちでほめているのか、心から自分たちのことを認めてくれてほめているのかをすぐに見抜きます。

　ここでも「子どもだから」ではなく、「1人の人間として」ほめることを忘れないようにしましょう。教師自身が「すごいな」と感じたことを、そのまま素直に子どもたちに伝えていくことが大切です。

アイメッセージを使ってほめよう

　子どもたちをほめるときに忘れがちな視点があります。それは、まずは「子どもの事実」をほめるということです。例えば、「（問題は解けなかったけれど）解こうとした」「（発表できなかったけれど）発表しようとした」などとプロセスをほめるようにするのです。常に、どんな事実でほめるのかという視点を忘れないようにしましょう。

　また、「アイメッセージ」で、「先生はすごいと思ったよ」「先生は〜〜に感動したよ」など、1人の人間として感じたことや思いを伝えることも大切です。

ここがPOINT

ほめるを基本に！

 ADVICE！

心からほめるには、「子どもたちを尊敬のまなざしで見る」ということが大前提です。教師と子どもの間で尊敬し合える関係をつくりましょう。

高学年に効果的な
言葉かけ② 確認する

　毎日の学校生活の中で数多く発生する教師からの「確認」を、より効果的になるように高学年の子どもたちに行うためは、どのようにすればいいのか、具体的なポイントを押さえていきましょう。

高学年だって、気が付いてほしい

　「確認」とは、子どもたちが取り組んだ宿題や授業の課題を教師が丸付けをしたり声かけをしたりすることを指します。もちろん、この確認は、高学年の子どもたちにも有効です。それは、高学年であっても、教師に「気が付いてほしい」と思っているからです。

　高学年ともなれば、これまでの学年以上にたくさんのことに取り組めるようになります。そのことに、教師がまず細やかに気が付いてあげましょう。

クラス外の活動も確認しよう

　高学年になると、委員会活動やクラブ活動など、クラス外のいろいろな場でも活動するようになります。そうしたあちこちでの様子を、担任がすべて把握することは実際には難しいものです。

　しかしそれでも、子どもが教室に戻ってきたら、教師のほうから委員会活動やクラブ活動での様子を確認していくようにします。「今日、委員会活動でどんなことをしたの？」と一言聞いてあげるだけでいいのです。

人目につかない小さな努力を見落とさない

　高学年ともなれば、毎日の宿題や掃除活動に取り組むことなどは当たり前だと思ってはいませんか。そうした思いが少しでも頭をよぎったら、ぜひとも消し去ってください。

　高学年の子どもたちだからこそ、誰もが見ていないような場面でコツコツと努力を重ねている様子を見逃さず、そうした場面こそ取り上げていくことで、子どもは、「いつも先生は見ていてくれる」と安心感を抱くことができるようになります。

ここがPOINT

ADVICE!

 教師の確認作業は、子どもたちの1人1人の行為を認めることです。人は認めてもらえる、見てもらえることで、意欲が高まります。

高学年に効果的な
言葉かけ③ 問いかける

　問いかけは、子どもたちへの重要な言葉かけの1つです。子どもたちの学校生活の中に、どんな問いを取り入れていくと取り組みや学習意欲に火をつけることができるでしょうか。

✅ 「問い」は思考を左右する

　「脳は問いを避けられない」といわれているように、例えば、「金色の豚は思い浮かびますか？」と聞かれれば、金色の豚を見たことがない人でも頭の中にポッとイメージが浮かんでしまうものでしょう。

　私たちの思考は、「問い」によって大きく左右されます。教師がどのようなことを子どもたちに問うかによって、子どもたちの思考の深まり方が決まってしまうといっても過言ではないでしょう。それくらい問いかけることは重要なことであると認識しなければなりません。

✅ 教師のメッセージを問いかけのかたちにする

　それでは、教師から子どもたちに、どのようなことを問いかけていけばいいのでしょうか。その1つとして、教師が伝えたいメッセージを問いのかたちにして子どもたちに投げかけるという方法があります。

　「○○小の6年生として、どんな学年にしたいかな？」「運動会を見に来てくれた人たちにどんな顔になってほしい？」など、伝えたいメッセージを直接伝えるのではなく、問いかけにして伝えるのです。

❤️ 子どもたちのメタ認知力を鍛える

　日々の子どもたちの活動を、自分たち自身で見つめさせる機会にも問いかけは有効です。自分自身をメタ認知させるのです。

　例えば、「今日の掃除の自分は、4点満点で何点でしたか？」などと問うことを習慣化していくと、メタ認知力を鍛えることができます。また、行事指導などにおいても、教師が伝えたいメッセージを直接話さず、「今日の自分は何点だった？」「あと1点上げるにはどうすればいいかな？」などと問いかけてみましょう。

ここがPOINT

脳は問いを避けられない

ADVICE!

「人生の質は問いの質」という言葉もあるくらいです。どんな問いの中で学校生活を送るのかによって子どもたちの生活は大きく変わります。

高学年に効果的な
言葉かけ④ 叱る

　高学年の子どもたちへの言葉かけでもっとも難しいのが、「叱責」でしょう。しかし、真の叱責は大きな効果をもちます。効果的に叱るためには、具体的にどのようにすればいいのでしょうか。

✓ 叱責をエネルギーにするために

　高学年の子どもたちがもっとも嫌がるのが、「自分たちがどうして叱られているのか分からない」という状態です。子どもたちは、叱られること自体を嫌がっているのではありません。どうして叱られているのかが分からないことに不満をもちます。

　逆に、自分たちが叱られていることに納得できれば、「自分たちの○○がいけないから叱られている」と自覚して反省し、さらには、その叱責をエネルギーに変えることができます。

✓ 叱る理由を説明しておく

　叱責する前には、必ず「どうして先生は叱るのか」をきちんと子どもたちに説明しましょう。「みんなが成長するために、みんなのことを大切に思うからこそ叱るのだよ」と伝えるのです。その際、叱る場面ではなく、落ち着いた普段の場面で説明するのが適しています。また、できれば学級開きからの３日間で伝えていくのが一番効果的でしょう。

　教師が叱る理由は、「成長してほしいから」と「絶対に許してはいけないことだから」のどちらか２点であるべきです。

叱る効果を教師自身が理解しておく

　禅の教えで「喝」がありますが、喝には「本来の自分に立ち返らせる」「相手の思い上がりをなくす」「相手の力量を見抜く」、そして、「この３つを包括し、真理に到達した状態」の４つの意味があるとされます。

　叱る効果を考えるときに、この「喝」の意味するところを参考にしながら理解を深めていくことをおすすめします。どれも指導において大切なことです。これらを見逃してしまえば、子どもたちの健全な成長にはつなげられないことに気付かされます。

ここがPOINT

 ADVICE!

国語授業名人の野口芳宏先生は、「愛があるから叱るのだ」といいます。「叱られるうちが花」という言葉と合わせて、叱ることの意味を肝に銘じましょう。

言葉かけは 声だけにあらず

　言葉かけは、言葉を発する声だけで行うのではありません。教師の服装や表情、立ち居振る舞いまでを含めてが言葉かけです。それらすべてを意識して、子どもたちに大切な言葉を届けていきましょう。

✔ 声以外の言葉かけとは

　人が得る情報は、大きく「視覚」「聴覚」「体感覚」の3つからといわれています。言葉かけは、このうちの「聴覚」のみを通じたものと思われがちですが、じつはそうではありません。

　子どもたちは、教師の声以外に、表情や服装、漂う雰囲気など、ありとあらゆる情報とともに教師のメッセージを受け取ります。つまり、言葉かけは言葉を発する声だけにあらず、ということです。

✔ 子どもたちの席から自分を見てみる

　教師としての自分が、子どもたちからどのように見られているのかを意識したことはありますか。ときには、子どもたちの側に座り、そのまま教室で子どもたちの前に立つ自分自身を想像してみるといいでしょう。

　立ち姿はどうでしょうか。どんな表情で立っているでしょうか。服装は適切でしょうか。そうした自分自身の一つひとつが、教師の発する言葉かけと合わさり、子どもたちに届いていくのです。日頃から、そのことを忘れないようにしましょう。

❤️ 言葉かけは子どもたちへの贈り物

　「言葉かけは声のみならず」ですが、「言葉かけは言葉のみならず」ともいえます。つまり、どんな声で、どんな口調でその言葉を届けるのかということによっても、子どもたちが受け取るメッセージは変わっていくのです。

　「プレゼンはプレゼント」といわれるように、言葉かけもまったく同じです。教師が送る言葉は、子どもたちへの贈り物であるという意識で言葉かけを行うと、その言葉はより効果を発揮します。

ここがPOINT

どんな表情で言葉を届けるか

服装、立ち居振る舞いも言葉かけ！

子どもたちへ届けるにふさわしい状態で！

ADVICE!

高学年の子どもたちほど、教師の一挙手一投足まで見ています。子どもたちに言葉を贈る者としてふさわしいかどうかの意識を高めましょう。

あらゆるネタを活用＆駆使して
子どもの心をグッとつかむ

「先生からのお話」を言葉かけに変えてしまう方法があります。それは、教師自身が感動した出来事や体験を子どもたちに紹介することです。エピソードなどを通して言葉かけも取り入れていきましょう。

✓ 日頃からアンテナを張りめぐらせる

言葉かけは、教師から子どもたちへ贈るものではありますが、いつも「効果的な言葉を贈ろう」と意気込んでばかりでは苦しくなってしまいます。そんなときは、いろいろなネタを使って言葉かけをしていきましょう。なかでも一番有効なのは、教師自身が体験した出来事や感動した有名人のエピソードです。ちょっとしたニュースや広告などの内容でもいいでしょう。とにかく、日頃から「子どもたちに伝えられるようなものはないか」とアンテナを張りめぐらせておくのです。

✓ おすすめ！ 平光雄先生の道徳小話

愛知県の元小学校教諭であった平光雄先生が生み出された子どもたちへの道徳小話を、私自身はよく活用しています。例えば、目玉おやじの話。『子どもたちが身を乗り出して聞く道徳の話』（致知出版社）の中で、いけないこともがんばっていることも、すべて見ている目玉おやじについて紹介しています。実際に、私は頭の中に目玉おやじが自分を見ているイメージを描かせ、子どもたちにメタ認知させています。

誰も見ていなくても、目玉おやじのような存在がみんなのことを見ているんだと伝えています。

アイドルなのに気象予報士になれたわけ

　ＡＫＢ48の武藤十夢さんをご存じですか。武藤さんは、アイドルであり気象予報士でもあるのです。気象予報士の試験はとても倍率が高く、合格率は5％を切るといいます。その難関試験を何度も受け続け、アイドル活動をしながらも合格しました。その秘訣は、「勉強はやるものである」ととらえていたことにあるといいます。

　こうしたエピソードも、子どもたちは目を輝かせながら聞き入ってくれます。

ここがPOINT

日常にネタはあふれている！

 ADVICE!

たくさんのネタをストックしておけば、子どもたちの状態に合わせたものをタイミングよく使うことができます。教師自身も夢中になれるネタを探してみましょう。

スケーリング・クエスチョンで可視化する

　教師から一方的に伝えるだけでは、なかなか受け入れてくれないのが高学年の子どもたちの特徴です。そんな子どもたちに効果的な指導に、「スケーリング・クエスチョン」があります。

「10点満点で何点ですか？」

　スケーリング・クエスチョンとは、臨床心理学の用語で、主にソリューションフォーカストアプローチ（解決志向アプローチ）で用いられる技法の1つです。 クライエントの感情や意欲をよりよく特定して理解したり、進展度合いを知るために用いられる質問とされています。

　具体的には、「今のあなたの満足度は10点満点中何点？」「あと○点上げるには、どうすればいいかな？」などと問いかけることです。これが、高学年の子どもたちへの言葉かけにも効果を発揮します。

自分で選ぶから意欲が出る

　スケーリング・クエスチョンが効果的だといわれるのは、まず、「自分で自分の状態を選ぶことができる」という点においてです。生活指導的な場面であっても、「今日の○○さんは、10点満点中何点だった？」と聞くことで、相手の状態をこちらから決めつけたり、示したりすることなく、自分自身でとらえることができます。

　子どもが自分でふりかえり、評価すれば納得ができますし、なによりも次への意欲を引き出してくれます。

解決策を自分で選ぶから意欲が出る

　もう1つが、「解決策を自分自身で選ぶことができる」という点です。子どもたちに自分の点数を示させた後に、次のような質問を投げかけることでその効果は発揮されます。その質問は、「あと1点上げるにはどうしたらいい？」です。

　この質問によって、今の自分よりも少し成長した自分を子ども自らイメージすることができます。つまり、自分の成長した姿やそのための方法を、自分自身で考えさせられるのです。

ここがPOINT

今日は10点中何点だった？

〜だったから7点かな

スケーリング・クエスチョンで自ら選ばせる！

 ADVICE!

スケーリング・クエスチョンは教科の中でも活用できます。ある授業の後、「今の○○は何点だった？」と質問することでふりかえりを促し、次の学びにつなげられます。

自分の人生と向き合う言葉かけ

　6年生を担任していたときのことです。その年は、毎日の家庭学習として日記を課題として出していました。「今日の感謝」「道徳授業の感想」「運動会の感想」など、そのときどきの子どもの状態や学校行事に合わせたテーマを設定し、自分の考えたことや感じたことを記録させました。

　ある日、1人の女子児童が次のように日記に綴ってきました。

　「将来、私はどちらの道に進むか悩んでいます。1つは、みんなと同じ道に進み、みんなと楽しい時間を過ごしていく道。もう1つは、自分の好きな演劇を本格的に学び、自分自身を磨いていく道。どちらにするか、なかなか決めることができません。」

　こうした日記と出合ったときに、どのような言葉で返事を書けば、子どもは自分の道を自分で決めることができるでしょうか。私は、次のように返事を書きました。

　「素敵な悩みをもっていますね。どちらにするかを決める前に、2つの道をそれぞれ想像の中で一度進んでみてはどうでしょう？　1つはみんなと楽しく過ごしていく道。もう1つは自分の好きなことを磨いていく道。どちらが正解で、どちらがよりよいというわけではありません。Aさんの進みたい道に進めばいいのです。」

　そして、日記を返すときに、返事の内容を説明し、次の日には想像してみてどうだったかを日記に書いてくるようにと伝えました。

　その子は、次のように綴ってきました。

　「どちらの道も、自分にとってはとても充実した道でした。みんなと過ごすことはとても楽しいし、それでも満足のいく時間になりそうでした。しかし、私はやはり自分の好きなことに挑戦する道を選ぼうと思います。その道のほうが、自分らしいと思ったからです。」

　「2つの道をそれぞれ想像の中で一度進んでみてはどうでしょう？」という言葉かけで、6年生なりに自分の人生と向き合うことができたようでした。今の彼女がどんな道を選んでいるのかは分かりません。しかし、この言葉かけを通して、自分自身の人生と真剣に向き合ったことは間違いありません。

言葉かけには、こうした力があるのだと気付かせてくれた出来事でした。

CHAPTER. 2

決め手はここ！
男女別言葉かけの
ポイント

高学年は男女での違いがより明確になります。
教師はその違いに合わせて、
適切な言葉を選ばなければいけません。
ここでは、男子と女子、
それぞれのポイントを整理していきましょう。

高学年男子への言葉かけポイント

基本の"き"

高学年男子への言葉かけのポイントは、なによりも「はっきりとさせる」ことです。これは、ほめるときも叱るときも同様なのですが、なぜはっきりとさせるべきなのかを、しっかり押さえておきましょう。

✔ 男子の基本は外向型

高学年男子の特徴は、「外向型である」ということでしょう。Chapter 1 - 9 で紹介させていただいた平光雄先生は、子どもたちは「外向型」「内向型」に分かれると指摘されましたが、「外向型」とはつまり、たくさん手を挙げる、当番活動に積極的に取り組むなど、活動的な子どものことをいいます。

もちろん、すべての男子が外向型ではありませんが、男子の多くが外向型ととらえると言葉かけもより効果的になるでしょう。

✔ 外向型は火付け役

外向型の子どもたちは、クラスの中ではどんな役割を果たすのでしょうか。その 1 つに、クラスに勢いやエネルギーをもたらしてくれることが挙げられます。いわば「火付け役」ともいえるでしょう。

教師から「クラスで〇〇をしてみようよ！」と投げかけたとき、「おもしろそう！　やってみたい！」と素早く行動に移してくれるのが、このタイプの男子です。このエネルギーを上手に引き出し、学級づくりにもうまく活用していきます。

❤️ 短くはっきりと

エネルギーにあふれた高学年男子には、「はっきりさせる」ことが欠かせません。例えば、叱る際には、「何がいけなかったのか」「どうしていけなかったのか」を明確に伝えるのです。それも短い言葉での指導がいいでしょう。

短く、はっきりと伝えるほうが、多くの男子には受け入れやすい指導だといえます。そうした指導の後には、「いつもの先生の状態」にすぐ戻ることも大切なことです。

ここがPOINT

男子には、短くはっきりとした言葉での指導を！

ADVICE!

こうした指導が、もちろんすべての男子に当てはまるわけではありません。女子にも適する子がいますし、個々の見極めを怠らないようにしましょう。

高学年女子への言葉かけポイント
基本の"き"

　教師の多くの悩みとして、「高学年女子への指導」が挙げられます。大人の女性としての入り口にいる高学年女子への言葉かけは、どのようにすれば効果的でしょうか。基本は、「聞く」と「言葉かけ前」です。

とにかく話を丁寧に聞く

　「男性は理論重視、女性は感情重視」「男性は答えを求める、女性は相談を求める」というようなことを耳にすることがありますが、こうした状況が、高学年にもなると、子どもたちにも見られてきます。この点も指導のポイントに加味していくと、男子への指導には、答えをはっきりと示すことが求められるのに対して、女子への指導には、「どれだけ丁寧に話を聞くか」が求められます。

　傾向として、女子のほうが男子以上に丁寧な指導が求められるケースが多いことを押さえておくといいでしょう。

言葉かけをする前に

　まずは、言葉かけよりも前の段階についてイメージしてみましょう。「この人からの言葉なんて……」と相手に思われるようなことがあれば、どれだけすごい言葉をかけてもまるで効果はありません。お互いの間に、普段から信頼関係を築くことができているかどうかが大切です。

　日頃、休み時間などに子どもたちと会話を交わせているか、授業中に対話できているかなど、前提から整えていきましょう。

言葉自体の清潔感まで整える

　また、高学年女子には、教師自身の清潔感も重要になってきます。服装や身だしなみはもちろんのこと、言葉自体の清潔感も忘れてはなりません。日々の指導において、あまり聞くに堪えないような言葉づかいをしていては、不信感を抱かれても当然です。

　特に高学年女子は、「精神年齢の発達が男子に比べて高い傾向がある」といわれるように、教師を見る目も厳しくなるようです。言葉かけをする前に、言葉の清潔感についてもチェックすることが大切です。

ここがPOINT

それでね…
あのときはね…

それで？…
うん、うん

← 清潔な服装

女子には、とにかく丁寧に話を聞く！

 ADVICE！

高学年女子に尊敬されるような教師を目指しましょう。男子よりも少し背伸びした感覚で、高学年女子は教師の教え方の善し悪しすら見ています。

高学年男子のやる気を
一気に高める言葉かけ

　「子どもたちをほめる」といっても、その言葉かけはいくつもあります。なかでも、高学年男子のやる気に火をつける言葉かけとは、どのようなものなのでしょうか。

✅ 男子だからこそ響く言葉

　ヒーローもののアニメや漫画などで聞かれる、キャラクターの圧倒するような強さや勇敢さなどを象徴するフレーズは、ほとんどの男子が心を奪われる言葉といっても過言ではないでしょう。そうしたものを参考にして、例えば、「やってみよう」という言葉もいいですが、「冒険してみよう！」「まだ誰もやっていないようなことをやってみよう！」などと言葉をかけるほうが、俄然、子どもたちはやる気を出します。

　仲間と協力をするときには、「一緒にスクラムを組んでやっていこう！」などという言葉も非常に有効です。

✅ 「やる気」を超える「その気」

　やる気にさせることの一歩先に、「その気にさせる」言葉かけがあります。「クラスの切り込み隊長だね」「誰よりも速いスピードで当番活動に取り組んでいるね。クラスのスピードスターだね」という言葉や、その子だけを呼び出して「クラスの運命は君にかかっている！」などと伝えると、それまでにないほどの力を引き出すことができます。

　こうした言葉は、男子のスイッチを入れる「その気言葉」です。

♥ 怒り口調でほめてみる

信頼関係がある程度できている子どもたちには、あえて「怒ってほめる」という方法も有効です。「もう、君たちは勉強をがんばりすぎだ!」「こんなにがんばったら、全員が100点を取ってしまうじゃないか!」などと、怒ったような口調でほめてみましょう。もちろん、このとき、表情までは怒らずに、目は少しおどけたように笑いを含ませてみてください。このような声かけは、クラス全体のやる気や結束力を一気に押し上げる大きな力をもっています。

ここがPOINT

男子特有の言葉かけを!

ADVICE!

普段から、高学年男子をその気にさせてしまう言葉かけもリストアップしておきましょう。「勇者だね」「賢者だね」などという言葉もおすすめです。

高学年女子のやる気を
一気に高める言葉かけ

　高学年女子のやる気に火をつけることは、簡単なことではありません。確かな信頼関係が基盤となっていることはもちろん、高学年女子に対する特有のスキルが必要となります。

基本は落ち着いた声で

　やる気に火をつけるとき、男子への言葉かけと女子への言葉かけはきちんと使い分けるようにしましょう。言葉の調子も、男女異なります。男子に対しては、多少オーバーに言葉かけをしていく方法が効果的ですが、女子はそうではありません。できるだけ普段通りの落ち着いた声の調子で言葉をかけていくほうが、確実にやる気を引き出していきます。

女子特有のほめ方とは

　高学年女子は、全体の前でほめるよりも、個別でほめるほうが、教師からの言葉を素直に受けとめられるようです。これには、いろいろな要因があるのですが、まず一番に挙げられるのが、「みんなの前だと恥ずかしい」ということです。また、仲のよい友だちに、「どうしてあの子だけ……」と思われてしまうことをおそれていることもあります。

　「女子をほめるときは、全体の前ではなく個別で」という鉄則をしっかりと頭に入れておきましょう。

✔️ 「相談」でやる気の火をつける

　高学年女子には、「ほめる」というスタンスよりも、「相談する」というかたちでやる気を引き出していくほうがうまくいくことがあります。例えば、「今度の○○のことをどうすればいいか、先生も悩んでいるんだよねぇ」などと相談を投げかけるのです。もちろん、その際、相談をしても受けとめられるかどうかの見極めが前提となりますが、「先生、こうしたらいいんじゃない？」「私たちが進めようか!?」など、彼女たち自身で積極的に動き出してくれるでしょう。

ここがPOINT

女子は個別にほめる！

ADVICE!

女子をほめるときには、個別や全体に加えて、グループで仲よく勉強に励んでいる場面などがあれば、すかさずほめましょう。状況を見ながら、使い分けていきます。

手に負えないやんちゃ男子を
味方につける言葉かけ

　どんなクラスにも、1人や2人は「この子は手に負えないな……」と思ってしまうようなやんちゃ男子がいるものです。ここでは、そんなやんちゃ男子を味方につける方法を押さえましょう。

✔ やんちゃ対応よりも先にすること

　クラスで常に目立つやんちゃ男子。その存在感には、どうしても意識がいってしまうことでしょう。しかし、その意識はいったん横におき、まずは、クラス全体への指導を優先させます。

　新任教師などがよくやってしまう失敗が、「全体をおいて個ばかりに対応する」ということですが、全体よりも個を優先してしまうと、結果的にやんちゃ男子を味方につけることはできません。「みんな先生の言うことを聞いているんだからオレも聞かないと……」と少しでも思わせなければいけません。

✔ 「厳しい指導」とは認めない指導

　「厳しい指導」と聞くと、「大きな声で叱る」「威圧する」などがイメージされてしまいますが、本当の厳しい指導とはそういうことではありません。

　どれだけ相手が反抗しても「ダメなものはダメです」と言い続け、決して「認めない」ということが真の「厳しい指導」です。そして、「この先生にはかなわないな」と思わせることができれば、子どもも自然と味方になってくれるものです。

❤ ときにはユーモアたっぷりに

　手に負えないからと、ただ叱ってばかりではいけません。

　以前、いつも給食の準備時間になると、「トイレに行きたい」と言って、いなくなってしまう子がいました。ある日、私は、「それだったら、先生も誘ってよ。一緒にトイレに行こう」と肩を組んで答えました。すると、その子はハニカミながらも、「いや、じゃあ、行くのはやめておきます」と言って、給食の準備に加わりました。そんな変化球対応もときには必要です。

ここがPOINT

ダメなものは
ダメです!!

認めま
せん!

この先生には
かなわないな

厳しい指導とは"認めない"こと

ADVICE!

やんちゃ男子ほど、厳しい指導以上にユーモアある指導を意識してみましょう。相手も子どもです。ユーモアが安心感を与えて素直さを引き出します。

手に負えないやんちゃ女子を
味方につける言葉かけ

　高学年女子への言葉かけの難しさは前述しましたが、それよりもさらに対応のスキルを求められるのが、やんちゃ女子です。しかし、信頼を得られて味方につけられれば、大きな力になってくれる存在です。

 ## 日頃からこつこつと

　教師の言うことを無視するなどのやんちゃ女子を、一度でコロッと変えてしまうような魔法の言葉かけはありません。例えば、うつむき加減で反抗的な表情をしているような女子を、パッと明るく前向きに変化させることなどは到底できることではないのです。日頃から、こつこつと言葉かけを続け、個別の励ましを続けて、ようやく成果が得られるものと思っておきましょう。

　やんちゃ男子に比べて、指導には根気と時間を要するのがやんちゃ女子です。気長なスタンスが大切です。

 ## ときには「特別扱い」

　手に負えないようなやんちゃ女子の特徴の1つとして、「特別扱いをしてほしい」ということがあります。もちろん、クラス全体の前でそうしたことはできませんが、ときには、この思いをかなえてあげることで効果が期待できます。例えば、放課後に残って話を聞く機会があれば、その日の仕事はいったん置いて、できるだけ長く対話してあげるのです。こうしたことが1回や2回あるだけで、「先生は話を聞いてくれる」と信頼してもらえます。

 話の中で伝えたいことを伝えていく

　やんちゃ女子とゆっくり話をする中で、「そういえば、最近、○○がんばっているよね」「○○（例：漢字テスト）はどう？」などと教師が伝えたい言葉を挟み込んでいくようにしてみてください。

　いきなりストレートに教師の指導を伝えてもなかなか受け入れてはもらえませんが、対話を十分にしている途中であれば、自然なかたちでスッと受け入れてもらえます。こうしたやりとりを積み重ねていくことで、やんちゃ女子の態度は確実に変化していきます。

ここがPOINT

話を聞き続ける中で伝えたいことを！

 ADVICE!

やんちゃ女子との関係づくりは、長期戦になると心得ておきましょう。教師が焦ることで関係づくりは失敗し、さらに時間を要することになります。

学級活動場面における
男女別言葉かけのポイント

朝の会、帰りの会、当番活動、給食当番、掃除当番……。学級活動にはさまざまな場面がありますが、こうした場面における言葉かけも、男女別の工夫が欠かせません。

 男女が力を合わせるからこそ

学級活動では、男女がうまく絡み合うことで、子どもたち1人1人がぞんぶんに力を発揮することができるようになります。「男女の仲がよいクラスはよいクラス」とは昔から言われていますが、男女それぞれの特徴がうまく共鳴し合えると、クラスのまとまりだけではなく、子どもたちみんなが100％以上の力を出せるまでになるのです。

女子が男子にはっぱをかけ、男子が女子を引っ張り、そして、クラスが結束していく。また、男子の力を女子が、女子の力を男子が引き出していく。そんな場面が見られるようになれば、教師の役割が果たせているといえるでしょう。

 男子には挑戦的にお願いをする

高学年男子の特徴の1つとして、「外向的である」ことを述べました。大きい荷物を運ぶ、扇風機のプロペラを取り外す、窓の高いところを拭くというような目立つ仕事を頼むときには、ぜひ男子に声をかけることをおすすめします。その際、「○○してほしいんだけど、Aくんにできる？」などとちょっと挑発的にお願いすると、「できるよ！」と威勢のいい返事が返ってくることでしょう。

女子にはこまめな言葉かけを忘れずに

　高学年女子の特徴は、何といっても「きちんとしている」ということです。例えば、黒板係になった女子に、黒板の消し方を教えて掃除を頼んでおくと、細部まで本当にピカピカにしてくれます。

　さらに、「クラスの本棚の整理」「鉛筆削りのカスを捨てる」などの細かい仕事に対して、「素晴らしくきれいにしてくれたね」「いつもきれいにしてくれてありがとう」という教師からのこまめな言葉かけを忘れずに行うことが大切です。

ここがPOINT

ADVICE!

 　男女に対するそれぞれの言葉かけのポイントを端的にまとめるとすると、男子には「大胆に」、女子には「細やかに」がキーワードになります。

授業場面における
男女別言葉かけのポイント

　新しいことを学び、思考したり創造したりする授業場面での言葉か
けは、日常のさまざまな学校生活の場面での言葉かけとは大きく異な
ります。学習中に間違ってしまったことは誤りではないからです。

✔ 授業では「賞賛」や「励まし」を

　教育者の森信三先生から「学習や技能は励まして伸ばす、不道徳は
叱って正す」と教えていただきました。以来、そのことを片時も忘れ
ることなく子どもたちと向き合ってきました。

　もちろん間違った行動には間違いである、いけないことはいけない
と明確に伝えるべきですが、学習における誤りに「いけない」と叱っ
たところで、子どもはできるようになりません。学習中の言葉かけの
基本は、「賞賛」や「激励」です。

✔ 男子には前向きな言葉かけで気持ちを高める

　男子の場合は、どのようにすればその子をのせられるかを考え、工
夫していくことが大切なポイントとなります。

　「よく挑戦したね！」「できるようになったね！」「もう少しででき
るよ！」「今、やろうとしたよね！」などといった前向きな言葉を、
クラスみんなの前でどんどんかけてあげるのです。そうすることで、
その子ども自身を励ますことはもちろん、全体の雰囲気も前向きにす
ることができます。

✔️ 女子には個別で事実をほめる

　女子の場合は、「クラス全体の前でほめることを嫌がる」という特徴があると前述しました。そのため、賞賛や励ましも個別が基本となります。それも、できれば事実についてのみにふれるのがいいでしょう。例えば、「きれいな字を書いているね」「真剣に考えているね」「よく話し合っているね」などと、その子の状況をパッと取り上げて言葉をかけていくのです。丸付けやノートへのコメントを通してアプローチするのも効果的です。

ここがPOINT

男子

いいぞ！
すごい!!

クラスみんなの前での言葉かけ

女子

よくがんばっているね

個別での言葉かけ

ADVICE!

授業中に机間巡視しながら、子どもたちのノートに丸を付けていく方法を「丸付け法」といいます。1日に最低1回は丸付け法に取り組みましょう。

言葉かけで壁を乗り越える

　卒業式を間近に控えた３月。子どもたちは、冷えた体育館を、卒業式に向けたやる気や熱気であつくしながら練習に励んでいました。その年の卒業式のテーマは、「自分たちで創り出す卒業式」でした。歌や返事の練習、そして、夢を語るスピーチの練習まで、できるだけ自分たちの力で進めていこうと意気込んでいました。

　しかし、そうしたやる気や熱気に満ちた中であっても、子どもたちの前に壁が立ちはだかることはあります。ある日のこと、女子児童が泣きながら相談にやってきました。

　「思うように練習が進みません」

　その言葉を皮切りに、その子は自分の言うことがクラス全体にうまく通らないことなど、多くの悩みを打ち明けてくれました。

　こうした場面においては、どのような「言葉かけ」が効果的なのでしょうか。私は、次のような言葉をかけました。

　「この状況を、誰だったらうまく乗り越えていきそうかな？」

　つまり、その子の中での成功モデルを引き出そうとしたのですが、その子は、「お兄ちゃんです」と答えたのです。私は、すかさず、「なるほど。じゃあ、お兄ちゃんなら、今のあなたにどんな言葉をかけてくれると思う？」と投げかけてみました。すると、その子は「お兄ちゃんなら……」と語り出し、今の自分に必要な言葉を選び出していったのです。

　「お兄ちゃんなら……」という言葉かけをきっかけに、自分自身の中にある体験や経験から必要な情報を取り出し、自ら答えを導き出したのでした。そして、涙を拭き、みんなのところに戻っていきました。

　その後、卒業式までの間、彼女は見事にクラス全員の前に立ち続け、自分たちで創り出す卒業式の原動力になっていったのです。

　このような言葉かけは、高学年ならではのものです。高学年の子どもたちであれば、経験や知識が蓄積されているため、教師は、それをプラスの力になるように引き出してあげればいいのです。

　言葉かけで子どもの能力を引き出せることが確信できたエピソードです。

CHAPTER.3

クラスがまとまり活気づく！
学級活動場面での
言葉かけ

高学年の学級活動は、
子どもたちが自治的な集団を
つくり上げられるかどうかが
大きな分かれ道となります。
ここでは、学級活動において子どもたちの力を
引き出す言葉かけのポイントを紹介します。

押さえどころは
「意味」「理由」の説明

　係の仕事をはじめ、給食や掃除などの当番活動などクラスにおける仕事の場面において、どのような言葉かけをすれば高学年の子どもたちの成長へとつなげられるでしょうか。

✔ 高学年で育てたい「なぜ？」「どうして？」

　高学年の子どもたちに身につけさせたい思考の習慣として、「なぜ？」「どうして？」「どうやって？」などという批判的思考が挙げられます。ただ何も考えずに活動するのと、「なぜ取り組むのか？」「どうしたらよりよく活動できるのか？」と考えながら毎日を過ごすのとでは、大きく思考の質が変わってきます。

　これは、授業でも学級活動でも同じです。毎日の積み重ねが、子どもたちの思考力や判断力を鍛えていくのです。

✔ 早い段階での話し合いがカギ

　批判的思考の習慣をつけさせるためにも、子どもたちと「当番活動とは何なのか？」「どうして当番活動をするのか？」ということを一度でも話し合うようにしておきましょう。それも、学級開きから1週間以内など、なるべく早いタイミングでです。そうすることで、意欲が低下しているときには、「どうして当番をするんだった？」と言葉かけをすることができます。また、日々のふりかえりの場面で、「今日の○○当番はどうでしたか？」という問いにも、話し合った内容をもとに答えることができるようになります。

レベルの高い言葉かけのために

一度でもクラス全員での話し合いができていれば、がんばっている子どもをほめる場面での言葉かけも変わってきます。もし、そうした話し合いがなければ、「がんばっているね」としか言えませんが、話し合いを行っていれば、「学校をきれいにするためにがんばってくれているね」「自分を磨いているね」などと日々の当番活動の中でよりレベルの高い言葉かけができるようになるのです。

一度の話し合い活動が、日々の言葉かけの伏線になるのです。

ここがPOINT

当番は何のため？

学校をきれいにするためにがんばっているね！

うん！

話し合うことで言葉かけが意味をもつ

 ADVICE!

話し合いの場は、時間を惜しまずに大切に確保して行いましょう。話し合ったことを掲示するなどしておけば、年間目標としても活用できます。

1日のやる気を引き出す
朝の会の言葉かけ

　登校間もない教室では、眠たい顔をしている子どもが多いものです。朝の会でどのような時間を過ごすことができるかによって、子どもたち1人1人、ひいてはクラス全体の1日の成果が変わってきます。

言葉かけ例

今日1日のうち、最高の自分の姿をイメージしてみよう！

NG 子どもたち自身で選び取ったイメージを大切にすることがポイントです。間違っても、教師のイメージを押し付けることがないようにしましょう。

朝は最高の「問いかけ」をプレゼント

　毎日やってくる1日のスタート時間。気が付くと、「今日は○○があります。□□しましょう」「今日も○○の練習をしましょう。□□できるようにしてください」など、つい教師からの伝達事項ばかりになりがちですが、それでは主体的な子どもを育てることはできません。

　伝達はサッと済ませ、子どもが自分自身と向き合うための「問いかけ」を効果的に行っていきましょう。

自分自身で選ぶから主体性が生まれる

　「問いかけ」をすることで、子どもは自分自身で「今日は何をがんばるか？」「どのようにしてがんばるか？」を思考し、選び取ることができます。問いかけられることで、頭の中で自分のよい姿がイメージされ、それは自ずと教師ががんばってほしいと願っていることと重なり合うものです。そうしたイメージは、1分もあれば可能ですので、ぜひ、朝の会に取り入れていきましょう。

イメージのアウトプットでより確かなものに

　イメージした自分をアウトプットさせるようにすると、さらに効果的です。班などグループで交流することで、短時間でのアウトプットは可能です。ときには、クラス全体で行ったり、紙などに書かせたりするのもいいでしょう（ただし、これらは少し時間がかかります）。

　アウトプットすることで、子どもは自分のイメージした姿をよりクリアにもち、それに向かって努力することができるようになります。

FOLLOW UP!

 なかなかできない子がいても構いません。毎日の繰り返しでだんだんと取り組むことができるようになっていきます。焦らず見守ることが大切です。

連絡事項から自主的な活動に
つなげる言葉かけ

「連絡事項なんて……」と思う先生も多くいることでしょう。しかし、連絡事項だからこそ、自分たちの行動を自主性をもって判断させることができるのです。言葉かけから次につなげていきましょう。

 言葉かけ例

自分が何をすべきか考えながら
聞きましょう！

1日の予定は以上です。どんなことを意識するといいですか？

3時間目は体育だから早く移動しないと…

NG もし、子どもたちが的外れな意見を出したときには、決してそのままにしてはいけません。躊躇せずに教師から正しい情報を伝えましょう。

✔ 連絡事項は「伝達」が大前提

　職員室での毎朝の連絡。これは、とても重要な情報です。情報は伝え漏れがないように十分気を付けなければなりません。まずは、これらをきちんと子どもたちに伝達することが必須です。

　この朝の連絡事項は、言葉かけをする大前提であり、これができていなければ１日の活動の言葉かけにもつなげることはできません。

✔ 連絡事項に込められたメッセージ

　連絡事項をただ伝達するだけで終わらせてしまっては、非常にもったいないです。伝達する際に、「自分が何をすべきか考えながら聞きましょう！」という言葉を同時にかけましょう。

　職員室からの情報は子どもたちの行動を促すための連絡です。「今日はとても暑くなります」という連絡には「水分補給をしましょう」、「自動車が運動場に停まっています」という連絡には「近付かないようにしましょう」というメッセージが込められています。そのメッセージを子どもたちに気付かせ、自分たちの行動について考えさせます。

✔ 連絡事項で思考判断を鍛える

　「自分が何をすべきか考えながら聞きましょう！」という言葉かけには、ただの連絡事項を、子どもたちの聞く力を鍛え、自分で考えて判断する力を鍛えるものに変えることができます。

　その後は、ペアトークの時間を取り入れるとより効果的でしょう。朝の連絡の時間を活気づけることができます。

FOLLOW UP!

時間が許せば、「どの意見が一番参考になりましたか？」などと問いかけ、話し合いにつなげてもいいでしょう。自分たちの行動を自分たちでつくり出せます。

話し合いが盛り上がる
クラス会議での言葉かけ

　自分たちのことを話し合う学級活動の時間。子どもたちだけで話し合えるような高学年のクラスは、教師として憧れすら抱きます。そんなクラスに導くための言葉かけについて考えましょう。

言葉かけ例

みんな、よろしく頼むね！

NG 話し合いの方法をまったく教えないで進めさせてはいけません。学級開きをして間もない段階で、進行などを丁寧に伝えていきましょう。

話し合いの秘訣は教師がどれだけこらえるか

　学級活動の時間は、自分たちのクラスのことを話し合うことが多いと思います。そのため、「子どもたちのことなので自分たちで話し合わせています」というクラスが多いのではないでしょうか。また、そういった話し合いを目指している先生も多いと思います。そのときに一番難しいのが、教師が「こらえる」ということです。

子どもたちは困れば行動する

　話し合いがうまくいかないと、教師はつい口を出してしまいがちです。また、話し合いのレベルが高まるようにと思って、何かとアドバイスをしがちです。学級活動での話し合いは、どれだけ教師がこらえることができるかにかかっています。しかし、子どもたちは、困ったことがあれば教師に相談してくるものです。

　解決策を求められたときに、一緒に考えるようにしましょう。

「先生なしでがんばろう！」という空気づくりを

　教師の役割として、学級活動の前には、司会をする子どもたちやクラスの子どもたち全体に「みんな、よろしく頼むね！」と子どもたちに話し合いを託すことを宣言することです。「よろしく頼む」と期待をかけられれば、それに応えようとがんばるのが人間です。

　「よし、やってやろう！」「先生なしで自分たちの力で進めてみよう！」という空気になれば、あとは心配いりません。

FOLLOW UP!

話し合い後は、必ずふりかえりを丁寧に行いましょう。ノートなどに書かせたりペアで話をさせたりします。自分たちの姿をメタ認知させる習慣をつけさせます。

助け合いが
次々と生まれる言葉かけ

　クラスの中に助け合いの雰囲気が生まれてくると、本当に居心地の
いい空間へと変わっていきます。そのためには、どのような言葉かけ
をすると、子どもたちに助け合いの気持ちが育まれていくでしょうか。

言葉かけ例

愛情の反対は無関心です！

NG 助け合いを強要しすぎることはいけません。助け合え
る空気を教師が先行してつくり出し、うまくクラスの
文化として育てていきましょう。

✅ まずは環境づくりから

はじめは教師が自らが手本になって、子どもたちが「助け合い」をしやすい環境をつくっていかなければなりません。その環境とは、「ペア」もしくは「トリオ」をつくることから始まります。特に学級開きをして間もない頃などは、子ども同士のつながりがまだ弱く、少ない人数でのほうが助け合いをしようとする意識が高まるのです。

机配置はもちろん、観察や掃除、移動の場面なので、バディシステムを組むといいでしょう。

✅ マザー・テレサの名言で意識改革

助け合いを身につけさせていく前に、まずは「愛情の反対って何か分かる？」という話をすることをおすすめします。すかさず「暴力」「悪口」などという言葉が出てくるはずです。

そこで、マザー・テレサの言葉である「愛情の反対は無関心なんだよ」と伝えます。さらに、「となりにいる友だちのことについて関心をもっていますか？」と問いかけをしていきましょう。

✅ 助け合いが当たり前という雰囲気を

マザー・テレサのエピソードを用いながら意識改革をした後は、子どもたちの「相手を意識しない」ということへの意識が変わり始めます。これまでは思いもしなかった「何もしないことが罪」という認識が当たり前になっていきます。ここではじめて、「助け合うことは当たり前」「助け合いをしないと！」という認識が芽生えていきます。

FOLLOW UP!

「助け合い」は余白を残して指導するのが大切です。教師の説明は少なめにし、子どもたち同士の助け合いで乗り越えられるように調整しましょう。

責任感をもって仕事に取り組む

当番活動の言葉かけ

　高学年ともなれば、当番活動をさぼったり、適当に済ませたりする子どももいます。そんな高学年の子どもたちには、どんな言葉かけをすれば仕事に積極的に取り組ませることができるでしょうか。

言葉かけ例

この仕事は君にしか頼めないよ！

NG　同じ仕事をしている子が複数いる中で、上記の言葉かけを行うのはたいへん危険です。あくまでも1人1役を設定している中で使いましょう。

1つの仕事に2名以上をあてない

　当番活動を責任をもって取り組むためにも、環境づくりが重要です。子どもたちが責任をもって当番活動にあたるためには、「その子の仕事を明確にする」ということが欠かせません。「AさんとBさん、どちらかでゴミを捨てておいて」などと言えば、お互いに相手を頼ってしまい、結局、どちらもやらない状況が発生してしまいます。

1人1役当番で言葉かけの環境整備を

　子どもが積極的に当番活動を行うために効果的なのが、「1人1役当番」です。クラス内におけるたくさんの仕事を、1人1役にして細分化していくのです。「窓開け」「電気」「黒板消し」など、学級生活において必要な仕事を、クラスの人数分に分けていきましょう。これは給食当番や掃除当番でも同様です。

　掃除では、掃除場所の範囲で担当分けするのも有効な方法です。

1人1役×「君にしか頼めないよ」

　前述のように環境を設定することで、言葉かけはより威力を発揮していきます。そうして、「黒板消しの仕事はAさんにしか頼めないなあ」などと伝えていくのです。

　この言葉を伝えられたAさんは俄然やる気を出しますし、「君にしか頼めない」といってもAさんしかその仕事をしていないので、他の子どもたちにも角が立ちません。全員にこの言葉かけは有効なのです。

FOLLOW UP!

「○○の達人だね！」「おっ、○○名人！」などもち上げるような言葉かけも効果的です。そして、プラスαで「ありがとう」と感謝の気持ちを伝えていきましょう。

楽しみながらマナーも身につく

給食の言葉かけ

　小学校に入り、5年間、6年間と給食を食べ続けている高学年の子どもたちにとって、ありがたいはずの給食に対して「慣れ」が見え始めます。言葉かけで給食の時間を充実したものにしていきましょう。

言葉かけ例

よく食べる人はマナーもいいね！

NG 周りの子どもたちに、「先生、それ関係ないじゃん」などと突っ込まれても、毅然として、ひるまずに言い切りましょう。ひるめば効果はなくなります。

やんちゃ男子を掌握する

　クラスの中で給食のマナーを逸脱している子どももいるとすれば、多くはやんちゃ男子でしょう。そういったやんちゃ男子は、給食をたくさん食べる傾向があります。その特性を踏まえた言葉かけを行うのです。つまり、「よく食べる」＋「マナーがいい」ということです。この言葉をかけられた子どもは、よく食べていることもほめてもらえ、満足します。

容認とユーモアで効果を出す

　しかし、本来は、「よく食べる」と「マナーがいい」はまったく関係がありません。冷静に聞けば、この言葉かけがこじつけなのはすぐに分かるでしょう。しかし、よく食べるということは事実であり、容認する言葉かけです。そして、ユーモアがあります。言われた子どもは、「そうなのか！」と教師の言葉を受け入れる姿勢になるのです。

「A（事実）＋B（伝えたいこと）」が効果的

　私たちは「メガネをかけている人はかしこい」「雨の日は憂鬱だ」など、じつは相関関係がないにもかかわらず、「AだからB」という表現を使ってしまいます。こうした表現の特徴は、「A」にあたる部分は事実であり、「B」の部分はこちらが伝えたいことです。

　この「A（事実）＋B（伝えたいこと）」は、言葉かけとして効果的に伝わります。ですから、「よく食べる」事実と「マナーがいい」という伝えたいことも功を奏するのです。

FOLLOW UP!

男子がマナーよく食事をしていたら、すかさず全員の前でほめましょう。一気に波紋のように広がり、クラス全体の食事のマナーがよくなります。

もくもくと進んで取り組む
掃除の言葉かけ

　高学年にもなってくると、掃除活動を「やらされている」と感じてしまうことも少なくありません。そんな子どもたちには、掃除の目的について丁寧に話してあげましょう。

言葉かけ例

掃除は心を磨く作業です！

NG こうした道徳的な言葉は、大きな声で乱暴に言っては何の効果もありません。どっしりとした声で、落ち着いて子どもたちに伝えましょう。

行動を促すための目的論

　子どもたちの行動を促すためには、目的を語る必要があります。掃除の目的は、普通に考えれば「教室（学校）をきれいにするため」となります。まずは、それをそのまま伝えても構いません。

　「汚い教室ときれいな教室、どちらが心地よく学べますか？」と問いかけるだけでも、子どもたちの行動を促すことができます。

掃除に教育的意味をもたせる

　しかし、せっかく毎日掃除に取り組むのであれば、きれいにするという便宜的な目的のみならず、教育的な目的ももたせたいものです。

　そこで、「掃除は心を磨く作業です！」と言葉かけをしてみましょう。子どもたちの意識は一歩高いところへと上がることでしょう。こうした言葉は、高学年だからこそ真意を理解できます。高学年ならではの言葉かけなのです。

さらにレベルの高い言葉かけを

　さらに一歩高い次元での言葉かけがあります。それは、「行動＋言葉かけ」というものです。

　例えば、「黙って掃除をしているね。心がどんどん磨かれていっているね」「雑巾が真っ黒だね。それだけ心が磨かれたね」というようにです。また逆に、「さらに心を磨くために、黙って掃除をしましょう」などと、先に目的を示してから言葉かけをすることでも子どもたちの意欲は引き出せます。

FOLLOW UP!

子どもたちのがんばる姿を見て、「教室も心も磨かれるなんて一石二鳥だね」と伝えましょう。自分たちのがんばりをさらに実感させられます。

自分の仕事に責任をもたせる

委員会活動の言葉かけ

　委員会活動の意義を正しく伝えていなければ、「高学年の自分たちだけがやらされる仕事」「面倒くさい仕事」と認識してしまいます。子どもたちに、その意義をしっかりと語りましょう。

言葉かけ例

委員会活動は高学年だけが許された特権です！

NG 「高学年だから当然」という説明では、かえって反発されてしまいます。「高学年だからこそできる」という視点で語るようにしましょう。

委員会の意義を具体的に説明する

　どうして委員会活動は高学年だけに設定されているのでしょうか。それは、委員会活動は学校全体の仕事であり、まだ低学年の子どもたちでは担うことができない仕事でもあるからです。このことを、高学年の子どもたちにしっかりと伝えなければなりません。

　高学年の自分たちが委員会活動に一生懸命取り組み、低学年をリードしていくことが学校全員のためになることを語ります。

 ## 委員会の意義を話し合う

　「どうして委員会活動は、高学年だけに設定されているのか？」と、その意義を子どもたちと一緒に考えてみることもとても有効です。

　子どもたちは、この問いに対して当事者ならではの視点ももちつつ、さまざまな意見を出すことでしょう。自分で言った言葉が一番響くのは、じつは自分自身です。話し合いを行うことで、自分の言葉を責任感へと変えることができるのです。

ここぞの場面で言葉を贈る

　教師の役割としては、ここぞという場面で「委員会活動は高学年だけに許された特権です」というキラーフレーズを伝えることです。

　例えば、委員会の立ち上げのとき、運動会の仕事に取り組み始めたとき、また、ちょっと子どもたちの意識が下がっているときなど、この言葉かけをするのです。子どもたちは「特権」というフレーズに、心躍らせ、仕事に取り組む意欲を高めていくことでしょう。

FOLLOW UP!

委員会担当の先生からほめ言葉をもらったときには、ぜひ子どもたちに届けてあげましょう。間接的な賞賛も子どもたちを大いに喜ばせます。

1日の終わりを明日へとつなげる

帰りの会の言葉かけ

「あ〜、やっと終わった〜！」と、勢いで帰宅させてしまっては、せっかくの1日の終わりの時間を有効に使えているとはいえません。締めくくりとしての特別な時間の言葉かけにも気をつかいたいものです。

言葉かけ例

今日1日の感謝は何ですか？

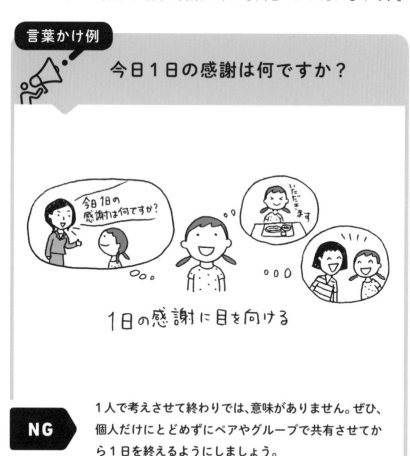

1日の感謝に目を向ける

NG ▶ 1人で考えさせて終わりでは、意味がありません。ぜひ、個人だけにとどめずにペアやグループで共有させてから1日を終えるようにしましょう。

視点を定めて物事を見る

　物事は、視点によってずいぶんと変わって見えてしまうようです。「最悪な1日だった」と思ってその日をふりかえれば、悪いところばかりに気持ちがとらわれてしまいます。反対に、「今日は最高の1日だった」と思ってふりかえれば、満足感や次へのステップにつながります。「楽しいから笑うのではない。笑うから楽しいのだ」というように、ふりかえるときの視点が大切になります。

高学年だから気が付ける感謝の視点

　教師として、1日のふりかえりで子どもたちにもってほしい視点は、「感謝」です。高学年ともなると、小学校生活に慣れも出てきて、この感謝を忘れがちです。しかし、高学年であればこそ、たくさんの感謝に気が付くこともできます。日々、感謝の視点をもって1日を終えることで、感謝すること自体に気が付く力を養うことができるのです。

多くの効果をもつ感謝の力

　なぜ、感謝の視点をもつことが大切なのでしょうか。近年の研究では、「人は感謝の感情をもつことで、オキシトシンというホルモンが分泌される」ことが分かってきました。そして、オキシトシンが分泌されると、「幸せな気分になる」「ストレスが緩和される」「他者への信頼の気持ちが増す」「人と関わろうという気持ちが高まる」「学力が向上する」などの効果が期待されています。帰りの会では、教師の積極的な言葉かけで、感謝の気付きへと導いていきましょう。

FOLLOW UP!

「感謝」の他に、「やってみよう」「何とかなる」「ありのまま」という視点(慶應義塾大学の前野隆司教授提唱の「幸せの4因子」より)もおすすめです。

学校の在り方を支える言葉かけ

　新型コロナウイルスが猛威を振るい、全世界に大きな影響をあたえました。学校現場でも、オンライン学習を導入していくなど、大きな変化が余儀なくされています。特に、学校行事の代名詞とされてきた「運動会」「学習発表会」「音楽会」などは、大勢の人が1つの場所に集まることができないという理由から、これまでの様式を維持できなくなり、新たなかたちが求められるようになりました。

　こうした現状が、今後2～3年続くとすれば、学校は大きく発想を転換していかなければならないでしょう。「運動会はできない」「学習発表会はできない」ではなく、何か別の手段や方法を考え、新たな価値を見出さなくてはなりません。

　では、どうすればいいのでしょうか。じつは、私たちは、すでにその答えをもっているのです。本来、運動会などの行事目的は、「どのように子どもたちが成長していくか」に焦点を当てることです。しかし、昨今の運動会の様子はどうだったでしょうか。全国的にも問題視された「巨大ピラミッド」の例にもあるように、「行きすぎ」とも思われる状況が当たり前のようになってきていました。そもそも、その「目的」とは何だったのでしょうか。大きなピラミッドをつくらなければ、子どもたちの成長を保障することはできなかったのでしょうか。

　たとえ運動会が小規模化しても、その目的はあくまでも「子どもたちの成長」にあることを忘れてはなりません。子どもたちは行事に向けて、行事を通して、行事の中で、いろいろなことを学び取ります。その学んだことと丁寧に向き合い、そして、クラスの仲間や教師、保護者と共有していくのです。そこには、子どもたち1人1人の確かなストーリーがあります。

　どんな行事でも、その過程で壁にぶつかったり、立ち止まったりすることはあります。しかし、そうしたときこそ、言葉かけの出番です。教師がどんな言葉を選び、どんな言葉をかけるかによって、子どもたちの成長は変わっていきます。

　このコロナ禍だからこそ、今までの学校教育を見直していくべきだと考えます。そして、本来の教育、学校の在り方とは何かを改めて考えていきましょう。

CHAPTER.4

落ち着きや成長をどんどん引き出す!

生活指導場面での言葉かけ

高学年の担任として、
よいクラスにまとめられるかどうかは、
生活指導にかかってくるといっても
過言ではありません。
直球勝負だけではうまくいかない生活指導で、
どんなことに気を付ければいいのでしょうか。

押さえどころは
「大人」としての扱い

　高学年を担任すると、一番頭を悩ませるのが生活指導の場面です。思春期にも差しかかることでさまざまなケースが発生しますが、そんな場面での言葉かけで注意すべきことをしっかり押さえましょう。

♥ 高学年らしく叱る

　高学年の子どもたちへの生活指導でもっとも重要なことは、「大人として扱う」ということです。例えば、管理職の教師がある新任教師にいきなり怒鳴りつけて指導をしたらどのように思うでしょうか。もちろん、そのように叱らなければならない場面でもあるでしょう。しかし、それは余程の緊急事態であって日常の指導ではないのです。

　大人であればあるほど、聞く耳は閉ざされてしまいますが、高学年の子どもも、精神的には大人の部分が芽生えてきています。大人として扱わなければ、指導は入らないと認識しましょう。

♥ 行為を否定して人格を否定しない

　「罪を憎んで人を憎まず」という言葉がありますが、これを学校現場に置き換えると、「やってしまった行為を指導しても、人格を指導しない」となります。これは、極めて重要な視点です。

　また、高学年ともなると、子どもたち自身がこうしたことにも敏感になっています。「正当な理由をもってきちんと叱ってくれる先生」は信頼されますが、「人格を否定する先生」には不信感を抱きます。常に意識すべき点です。

❤️ 話をする状態を整えてあげる

高学年の子どもともなれば、「話をする状態」を丁寧に整えてあげなくてはなりません。「なんでケンカしたの!?」などといきなり声をかけるのではなく、冷静な声で「〇〇さん、ちょっといいかな?」と、相手と話をしてもいいかどうかの承認をきちんととることから始めることが大切です。

この作業を怠ると、子どもたちは心の扉を閉じてしまい、思いを聞き出すことは難しくなってしまいます。

ここがPOINT

行為を否定して人格を否定しない

ADVICE!

まずは「少し話してもいいかな?」「何がいけなかったと思う?」「次はどうすればいい?」などと、問いかけから指導の態勢をつくるのも有効です。

進んで挨拶が
できるようになる言葉かけ

高学年にもなれば、だんだんと小さくなっていく挨拶の声。ときには、下を向き、目を合わせようともしません。そんな子どもたちから積極的な挨拶を引き出すためには、どんな言葉かけが効果的でしょうか。

言葉かけ例

6年後の準備はバッチリだね！

NG いきなりこのフレーズを使ってもまったく効果が期待できません。きちんと事前指導をしてから言葉をかけていきましょう。

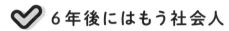 6年後にはもう社会人

　2022年4月1日より、成年年齢が18歳に引き下げられます。つまり、今の高学年の子どもたちは、18歳になれば成人となるのです。6年生はもう6年後には社会人の一員なのです。日頃から、「社会人の基礎・基本は挨拶である」ということを、この事実とともに語っていきましょう。

挨拶の語源を教える

　挨拶の語源を教えていくことも有効です。漢字では「挨拶」と書きますが、「挨」には「押す」という意味があり、「拶」には「迫る」という意味があります。つまり、お互いに歩み寄ることという意味が「挨拶」には込められているのです。「挨拶はコミュニケーションの第一歩」といわれる具体的な説明によって、子どもたちの理解が深まっていきます。

挨拶における3つの基本スキル

　挨拶の基本スキルとして大切なのは、「明るい声で」「相手のほうを向いて」「自分から積極的に」の3つです。学級活動の時間などに実際にデモンストレーションなどを交えて指導しましょう。3つのスキルが活かされていない挨拶を教師が演じるとさらに効果は高まります。

　子どもたちに挨拶の大切さを説いただけで、実際にどのようにして行うかを指導しなくては実践にはつながりません。そして、具体的な方法を教えることで、具体的にほめることもできるのです。

FOLLOW UP!

挨拶指導には継続が大切です。「北風と太陽」のように強く迫っても、子どもは心を開かず、挨拶は身につきません。粘り強く指導しましょう。

学級ルールが
自然と身につく言葉かけ

高学年にもなれば、学校やクラスのルールは「縛り」ととらえ、守らなくなる傾向が見られます。ルールの理解を促し、自分たちに必要なものとして無理なくルールを身につけさせる秘訣を押さえましょう。

言葉かけ例

ルールを守ってくれているね。協力ありがとう！

NG 「ルールを守れ！」ばかりでは、子どもたちは育ちません。ルールの本質をまずは教師が理解してこそ、子どもたちが前進していくことができるのです。

ルールとは何かを考えさせる

　そもそもルールとは何なのでしょうか。ルールははじめからそこに存在しているわけではありません。人が集団で生活していく中でルールとして決めたほうが快適で平穏であると判断され、生まれてきます。困ったことやトラブルが発生し、それを集団として解決するために必要不可欠なものなのです。最初から押し付けるのではなく、こうしたルールの背景を子どもたちに丁寧に説明していきましょう。

ルールを変えることも教育

　同時に、「ルールはいつでも増やしたり、なくしたり、変えたりすることができる」ことも伝えていかなければなりません。昔からのルールには、現在の学校生活と合わないものもあるかもしれません。そうしたときには、学級会や児童会などの話し合いを通じて変更することができることを伝えましょう。ルールを変えることも大切な教育です。

「協力ありがとう」で理解と成長を高める

　ルールはみんなのものであるので、全員が１つになって守ろうとしなければ成り立ちません。また、ルールは縛るためのものではなく、心地よく生活するためのものです。そうした意味を含めて、子どもたちには、「協力ありがとう！」という言葉をかけていきましょう。

　「ルールを守るとみんなが気持ちよく生活できるね」といった具体的なメリットとともにルールの本質を伝えていくことで、子どもたちの理解と行動は育まれていきます。

FOLLOW UP!

緊急性の高い場面（友だちに暴力をふるっているなど）では、もちろんなりふり構わずに教師が制止することが必要です。緊急性も見極めましょう。

時間厳守が
当たり前になる言葉かけ

　宿泊学習や校内でのイベントなど、高学年にもなれば時間管理も大切な能力として求められてきます。忙しく時間に追われる高学年の子どもたちの時間感覚を養う言葉かけを習得しておきましょう。

言葉かけ例

30人の5分を奪うと、150分になるよ！

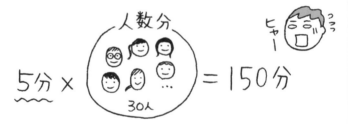

NG 遅刻を追及するだけではいけません。時間を守ったときや時間を意識しているとき（時計を見たときなど）は積極的にほめましょう。

「遅刻した時間×人数」で計算する

　国語科授業名人の野口芳宏先生は、「5分の遅刻は5分ではない。ここにいる人数×5分を奪ったことになる」と言います。これは、集団で行動していることを強く子どもに意識づける言葉です。

　もし、30人学級で5分遅刻したのなら、5分×30人で150分もの時間を奪うことになるのです。「これだけの時間をどう返すの?」と問うと、その失態に気が付きます。

 ## 職場再建三原則の一番は「時」

　教育者の森信三先生は、「時を守り、場を清め、礼を正す」と職場再建の三原則を掲げました。この教えを取り入れて、多くの小学校や中学校で学級崩壊を立て直したという事例があります。

　「時」「場」「礼」という3つの要素のうち、まず一番に挙げられているのが「時」です。「時を守る」というだけでも、集団を引き締め、高めることができるのです。

 ## 締め切りを守らせることも忘れずに

　学校生活の中で「時間を守る」と聞くと、遅刻のイメージが強くありますが、遅刻しないことだけが時間を守ることではありません。例えば、提出物などの締め切りを守るということもあります。

　ノートまとめなど一生懸命に取り組む場面でも、ただ単にじっくりと丁寧に取り組ませるだけではなく、よりよいものを時間を守って提出させる声かけも忘れないようにしましょう。

FOLLOW UP!

なかなか時間を守れない子どもには、「時計を見てみよう」「あと何分で終わるかな?」と時計を見ることを意識化させる言葉かけをしてみましょう。

どの子もきれい好きになる

整理整頓の言葉かけ

　高学年になっても整理整頓が苦手な子どもはいるものです。特に、教科数が増えたり、教師から渡されるプリントが増えたりすることで、さらに状況は悪化します。こうした状況の改善に言葉かけは有効です。

言葉かけ例

その子（物）の居場所はどこなのかな？

それぞれの居場所を決める

その子の居場所はどこかな？

どうぐばこ

NG　整理整頓ができないことを、「だらしない」とだけとらえて指導してはいけません。そうした言葉かけでは、子どもの反発を招いてしまいます。

 まずは物の居場所を決めさせる

　整理整頓を苦手にさせている理由の1つに、「物の居場所を決めることができていない」ということがあります。一方、整理整頓の上手な子どもは、どこに何を置くかを明確に定めることができています。常にその物が定位置にある状態であり、なくなっている状態を不快とさえとらえています。整理整頓が苦手な子には、まずは「どこに何をしまわせるのか」を明確にさせる指導をしましょう。

捨てる物と残す物を分けさせる

　整理整頓ができていない子どもの特徴として、「机の中が物であふれかえっている」ことが挙げられます。捨てる物と残す物の「仕分け」ができずにどんどん物をためてしまうのです。そうした子どもには、できるだけ物を捨てるように指導を重ねていきましょう。
　捨てるものと残すものが自分で仕分けられるようになれば、整理整頓が進みます。

ときには一緒に片づける

　いろいろな整理整頓の方法を教えていっても、なかなかできない子どももいます。そうした子どもとは、何度か一緒に片づけを行ってみましょう。教師に限らず、整理整頓の上手な友だちと一緒でも構いません。そして、定期的に整理整頓を促す言葉かけを繰り返し、「机の中はきれいな状態」が当たり前と認識させていくのです。このとき、改善には長期戦で臨み、根気よく指導していきましょう。

FOLLOW UP!

整理整頓が上手な子どもの机の中を、例として見せてあげるのもいいでしょう。モデルを視覚的に示すことで理解できる子どももいます。

高学年男子のトラブルあるあるを
スルッと解決する言葉かけ

高学年の男子ともなると、自身を強く見せようとして、教師の指導に反抗してくることが度々あります。周りからの目を気にしているということもあるのでしょう。そんな男子への指導のポイントです。

言葉かけ例

📢 特別に話をしているんだよ！

いいかい？先生は、今.君ならできると思って.特別に話しているんだ

特別にボクだけに話してくれているんだ！

NG 子どもと同じトーンでこの言葉かけをしても効果はありません。どっしりと落ち着いた声で伝えていきましょう。

「オレだけじゃないし」

　高学年男子のあるある反抗フレーズとして、教師の指導に対して「オレだけじゃないし」という言葉があります。授業中のおしゃべりを注意すれば「オレだけじゃないし」、友だちへの嫌がらせを指導すれば「オレだけじゃないし」というようにです。

　これは、教師の指導のベクトルを他に向けて、その場から逃れようとしているのです。

「○○くんだけの特別です」

　そんなとき、どんな言葉かけをすれば高学年男子は指導の本質に気付くことができるでしょうか。それは、「あなたにだけ特別に言っているんだよ」です。その言葉を言われた子どもは、すぐにハッとすることでしょう。

　「自分の成長のために話をしてくれているんだ」と感じさせることができれば、その後の指導もすっと入っていきます。

自分自身へベクトルを

　その子が他のところに目が向いている間は、どんな指導をしてもすっと入ることはありません。まずは、自分自身にベクトルを向けるような指導をしていきましょう。

　男子は特に「自分が大切にされている」と感じたときに、ふっと表情が柔らかくなります。最後には、「先生と一緒にがんばろう！」などと寄り添っていきましょう。

FOLLOW UP!

指導の最後には、肩をポンとたたいたり、握手をしたり、ハイタッチをしたりして、「一緒にがんばろう！」を身体的にも伝えてあげましょう。

高学年女子のトラブルあるあるを
スルッと解決する言葉かけ

多くの教師が悩まされている高学年女子のトラブル1位は、何といっても「友だち関係」でしょう。これを乗り越えられるかどうかで、学級経営が左右されることはいうまでもありません。

言葉かけ例

相手の席に座ってみよう！

相手は
どんな
気持ちかな？

相手の席

自分の席

NG 抵抗する子どもに対して、「じゃあやめよう」では前に進みません。「ひとまずやってみよう」とやんわり促し、体感させるようにしてください。

✔️ 友だち関係でトラブルを起こしやすいわけ

　教師の間で「高学年女子は友だちとのトラブルが……」という話は、高学年女子を表す代名詞のようにもなっています。その要因は、女子は男子に比べて、よりグループ意識が強くあることです。

　つまり、グループで過ごすことが多くなるため、こうしたトラブルも発生しやすいと念頭に置いておきましょう。

✔️ まずは「傾聴」「共感」

　高学年女子のトラブルの基本対応は、「聞く」ことです。とにかく、傾聴・共感を繰り返すようにします。もちろん、それだけではトラブルは解決しませんし、「相手の気持ちを考えよう」「許してあげたら」などと言ったところで、ほとんどの場合はうまくいきません。どうしても自分の振り上げたこぶしを下ろすことができないのです。気持ちを落ち着かせるために、まずは傾聴と共感を根気よく行っていきます。

✔️ 相手の中にすっぽりと入ってみる

　高学年女子が意固地になっているとき、椅子を1つ用意しましょう。そして、トラブルになっている相手の友だちが椅子に座っているイメージをもたせるようにします。イメージができたら、まるで着ぐるみを着るかのようにすっぽりと友だちの中に入るように伝えるのです。

　その後、実際に友だちの椅子に座らせるようにします。すると、その子は落ち着いて友だちの思いを想像し、自分で解決の方法を見出すことができるようになっていきます。

FOLLOW UP!

相手の椅子に座ったとき、「相手は、あなたのことをどう思っている？」「どうしたいと思っている？」などの具体的な問いかけをしてあげましょう。

いじめの芽を摘み取る
友だち関係チェックの言葉かけ

　高学年のクラスを担任したときに、必ずケアしなければいけないのが「いじめ発見システム」です。ここでは、クラスの友だち関係を1分で診断する言葉かけワークを紹介します。

言葉かけ例

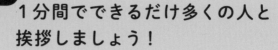

1分間でできるだけ多くの人と挨拶しましょう！

NG　あくまでも「いじめの芽を摘み取る」ためのワークなので、重大ないじめが起こっているときには、決して実施しないでください。

冷静に広い視野で子どもを見る

　朝の挨拶の場面で、クラス全体に「1分間でできるだけ多くの人と挨拶しましょう」と子どもたちに指示を出します。すると、子どもたちは縦横無尽に「おはようございます！」と挨拶をして回ります。すかさず、教師は、その様子を冷静に見るようにします。

　その際、視野を広くして、全員が視界に入るように見るようにしましょう。

 ## 1分間だからこそ

　1分間という制限があるので、子どもは本能的に行動をします。また、無意識に安心を求めるので、自分にとって仲のよい友だちのところへと向かう傾向があります。つまり、もしクラスにいじめの芽があるとするなら、ある子どものところにだけ友だちがあまり集まらないということが起きるはずです。

　まずは、この方法で教師がいじめの芽を発見することが大切です。

 ## 2回目は「普段あまり話をしていない人と」

　もし全員がバランスよく挨拶をすることができていれば、「先生はこのクラスが本当に仲がよいことが分かりました」と子どもたちをほめてあげましょう。

　また、気になるところがあったときには、「次は、普段あまり話をしていないかなと思う人のところに挨拶に行きましょう」と告げて、2回目を行うようにします。

FOLLOW UP！

日頃から、「たくさんの人と仲よくする意識をもつようにすると学校がどんどん楽しくなります」と、多様な友だちをつくる言葉かけをしましょう。

学級トラブルをクラス全員で
解決していく言葉かけ

トラブルが起こること自体を嫌がる教師が多くなってはいないでしょうか。しかし、トラブルなくしてクラスの成長はありません。「ピンチはチャンス」とは、子どもたちの成長にも理にかなった言葉なのです。

言葉かけ例

みんななら必ず乗り越えられる！

NG サラッと伝えるようでは何も伝わりません。力強く言わなければ、この言葉かけに効果は見込めないのです。鼓舞するように言いましょう。

✔ あえてクラス全員を落としてから

この言葉かけの前に、あえて「ちょっと全体が落ち込むようなこと」を伝えるようにすると効果的です。すでにトラブルが起こっている場面ですので、「今、クラスには○○が起こっている」という事実を伝えるだけでも十分です。子どもたちの気持ちが落ちるような事実を伝えることで、俯瞰的にクラスのことを考えさせることができます。

✔ 感情のN曲線を描け

なぜ、前述のように一度気持ちを落とすのかというと、「感情のN曲線」を描かせるためです。つまり、人のストーリーは「N曲線を描く」といわれているように、落ちるからこそグッと上昇することができるのです。トラブルが起こっている現状を伝えた後には、「でも、本当にみんな乗り越えたいと思っているはず」「何かまだやれることがあると気が付いているよね」と伝えていきましょう。

✔ 思いを語り合う

子どもたちが現状を冷静に把握でき、気持ちが上向き始めたら、すかさず「みんななら必ず乗り越えられる！」と力強く背中を押すように鼓舞しましょう。そして同時に、教師としての思いも伝えるようにします。ただし、このとき、教師だけが思いを伝えるだけでは意味がありません。最終的には、子どもたちに思いを語り合わせるのです。

状況によっては、教師が選出した数名だけでも全体に話をさせ、子ども自身の声で思いを共有させていくようにしましょう。

FOLLOW UP!

全員が語る時間はなかなかとれないものです。そんなときに有効なのが、「書かせる」ことです。思いを綴らせましょう。

高学年だからこそ！
登下校指導の言葉かけ

　学校に通う登下校の道。高学年ともなれば、その日々に慣れてしまい、交通マナーを守らないなど、個人の思いを優先させてしまうこともあります。登下校中という状況を活かした言葉かけを行いましょう。

言葉かけ例

登下校中は１年生も見ているよ！

NG 「高学年なんだから」「１年生が見ているぞ！」などと威圧的に言うようではいけません。じっくりと反省を引き出すように言葉かけしましょう。

✅ 高学年としての立場を忘れてしまっている

学校によっては、「通学帽子（黄色帽子）をかぶる」などのルールがあるかと思います。これは安全対策の一環であり、登下校中の事故を防ぐために取り組まれているものですが、高学年ともなると（特に女子には）、前向きに取り組めないこともあります。これは、高学年としての立場を忘れ、個人の思いを優先させてしまっているのです。そのことに、気付かせるようにしなければなりません。

✅ 憧れの高学年に

ルールを守らない子には、まずは「登下校中は1年生も見ているよ？」と明るく声をかけましょう。そして、「もし1年生が大好きな6年生の真似をして事故にあったらどうする？」と問いかけます。すると、その子は通学帽子の意味と高学年という立場に気が付くことでしょう。

6年生は1年生のお世話をたくさんします。その1年生にはいつもよい姿を見せたいと思っているのです。そのことに、気付かせます。

✅ どんな姿を見てもらいたいかを考えさせる

自分の立場に気が付いた高学年の子どもたちには、さらに「自分たちのどんな姿を1年生に見せたいかな？」と問いかけます。すかさず、「挨拶をする姿」「年下にやさしくする姿」などと、見られたい姿を自分たちから語り始めるのです。

自分たちが1年生だったときに憧れた高学年の姿です。そうしたことも思い出させる言葉かけをしていきましょう。

FOLLOW UP!

ときには、1年生の子どもたちに「高学年のお兄ちゃんお姉ちゃんの好きなところ」をインタビューして、その言葉を伝えることも効果的です。

COLUMN **4**

オンライン学習だからこその言葉かけ

———

　オンライン学習が、今後、小学校の現場でもさらに広まっていくとすると、どんなことに気を付けていけばいいのでしょうか。

　教員免許更新の際にも使われているオンライン学習ですが、実際、受講している先生方の感想はあまりいいものではありません。

　「ずっと話を聞いているだけで退屈だ」

　「画面を見続けるのが本当につらい」

　つまり、オンライン学習が「講義型」であると、あまり教育効果が期待できないとのことで、その改善策として、オンラインで学習をするときこそ、丁寧な「言葉かけ」がカギになることが指摘されています。

　「その意見、いいですね！」

　「なるほど、そういう考え方もあるんだね！」

　そんなふうに肯定的にフィードバックしていくことはもちろん、

　「どうして、そう考えたの？」

　「もう少し詳しく教えて？」

などと、オンライン上でより集中して1人1人の子どもの話が聞ける環境にあるからこそ、丁寧に言葉をかけていくのです。

　また、「この時間でがんばりたいことは？」「今の自分を4点満点で表すと？」「今日、がんばれたことは？」などといった自分自身をふりかえらせる言葉かけも、オンラインだからこそ子どもたちも答えやすい質問となるようです。

　オンライン学習を実施する機会を得たら、ぜひ、本書で紹介しているような言葉かけを駆使してみてください。もしかすると、オフライン以上に子どもたちの考えや思いを聞くことができるかもしれません。

CHAPTER.5

集中＆意欲を刺激する！

授業場面での言葉かけ

学力差が大きくひらいてきてしまうのが
高学年です。
そうした状況がみられたとき、
授業でどのような言葉をかけることで、
子どもたちの意欲が引き出せるでしょうか。

押さえどころは
「とにかく丁寧」であること

　高学年にもなると、子どもたちは、「先生の授業は分かりやすいか？」という疑問をもち始めます。さまざまな業務に追われる毎日ですが、とにかく授業第一で丁寧に進めることが大切です。

まずは「先生の授業は分かりやすい」と思わせる

　高学年の授業は情報量が多くなり、子どもたちの学力格差もより広がっているのが当たり前の状況です。そうした中で行う授業では、まずはたくさんの情報を扱うのではなく、丁寧さに重点を置いて、「先生の授業は分かりやすい」と感じさせる必要があります。そうすれば、子どもたちからも「先生についていこう」「先生に任せておけば大丈夫」と授業への信頼が得られます。

「見てもらえているのか」を意識する

　保護者によっては、中学受験を見据えたり、進学する中学校での学力を本格的に心配し始めたりする人も出てきます。「自分の子どもは先生にどれくらい見てもらえているのか」という意識が高くなってきているのです。

　授業はもちろんのこと、宿題のチェックやノートチェック、そして、個別指導などもより丁寧に進めていくようにしていきましょう。その際、成果が出ているかどうかということよりも、丁寧に目配りしているかどうかが大切になることをしっかりと念頭に置きましょう。

すべての教育行為を丁寧に行う

　丁寧な授業と聞くと、「先生が上手に説明する」ことがイメージされがちですが、そうではありません。話し合い活動や子どもたちへの指示の出し方、授業自体の組み立てなど、それぞれに手を抜かずに行うということです。

　特に、高学年女子は先生の教え方に対して興味や関心が強く、チェック意識が高い傾向があります。きめ細やかな指導を行うことで、信頼を得られる関係をつくりましょう。

ここがPOINT

先生の授業は
分かりやすいよ！

よく見てくれて
いるんだわ〜

 ADVICE!

「丁寧に進める＝ゆっくりと進める」ではありません。丁寧に進めるからこそ、効率がよくなり、スピードアップを図ることもできるのです。

授業の善し悪しを決める

言葉かけ① 説明

　どんな授業にも必須の「説明」というスキル。この説明の善し悪しが授業の善し悪しを決定づけるといっても過言ではありません。説明をよりよいものにするためには、どのような工夫が必要でしょうか。

言葉かけ例

今日の学習について伝えます。
1つ目、〜〜！

NG
ダラダラとした説明は厳禁です。「1つ目、〜〜。2つ目、〜〜」とナンバリングしながら説明をすることで、何を伝えたいのかが明確になります。

✅ 説明のない授業はない

授業というと、一番に「発問」が、次に「指示」が注目を集めることがほとんどではないでしょうか。研究授業の討議会でも、「説明」について議論されることはほとんどありません。しかし、授業の安定度を高めるためには、説明のスキルが安定していることが重要です。

説明があってはじめて発問や指示が生きるのです。

✅ 重要場面でこそ説明のスキルが求められる

授業において説明のスキルが活躍するのは、どんな場面でしょうか。それは、新たな学習知識を得るときや、ここだけは外してはいけないという重要な場面ではないでしょうか。

子どもたちの意見を束ねるときにも、説明のスキルは活用されます。テストの前の連絡も説明の活躍場面です。その際、短く端的に、「1つ目、〜〜、2つ目。〜〜」と整理したかたちで明確な言葉かけで説明ができるように心がけましょう。

✅ 主体的な学びは説明のスキルがあってこそ

家庭学習や学び合いの学習、個別の学習を行うときには、さらに丁寧な説明が必要になります。子どもたちが主体的に進める学習であればあるほど、事前の学習ガイダンスは丁寧に行っておかなければいけません。子どもたちは、どのように学習するかが理解できてはじめて主体的に取り組むことができるのです。

FOLLOW UP!

説明の後、「先生の説明を自分の言葉で隣の人に言いましょう」と言葉かけするのも有効です。子どもの理解を確認したり強化したりすることができます。

授業の善し悪しを決める

言葉かけ② 指示

授業における「指示」も大切なスキルです。よい発問を出したとしても、よい指示がなければ学習効果を高めることはできません。また、説明を補うのも指示の役割なのです。

言葉かけ例

自分の意見を○つ以上
書きましょう！

写真を見て気が付いた
ことは何ですか？
5つ以上 ノートに書きましょう！

発問 ＋ 指示

1セット

やる気UP！

NG 教師が提示した数が書けていないからと、叱責してはいけません。あくまでも、思考を促す目標数値として定めるようにします。

発問だけでは子どもは動けない

　例えば、「○○はどう思ったのでしょう？」という発問を子どもたちに提示したとします。それまでの授業の積み上げもあり、子どもたちが本気になって考えたい発問です。

　しかし、この発問だけを提示するとどうなるでしょうか。子どもたちは問われただけで思考はするものの、具体的に何をしていいのか分からない状態になってしまいます。

 ## 発問と指示は1セット

　前述のような発問に続くものとして、「ノートに書いてみましょう」「ペアで話し合ってみましょう」「グループで相談しましょう」「分かるところに線を引きましょう」「全員起立。自分の考えが浮かんだ人から座りましょう」などの指示が考えられます。

　発問の後にどんな指示をセットとして付け加えるかが、子どもの考えを活性化させる重要な要素になります。

 ## 目標数値で子どものやる気を引き出す

　さらに子どもたちの学習活動を促進させるのに有効なのが、「数値を示して指示をする」ということです。例えば、「5つ（または5行）以上考えをノートに書き出しましょう」「ペアで3つ出し合いましょう」「5分間で話し合います」など、数字を入れて指示を出すのです。すると、子どもたちは俄然やる気をもって活動します。

　ぜひ、数字を意識した指示を行いましょう。

 FOLLOW UP!

電子黒板などにタイマーを表示する方法も非常に有効です。音が気になる場合は、ストップウォッチを活用することもおすすめです。

授業の善し悪しを決める

言葉かけ③ 発問

　「すぐれた授業の善し悪しは発問で決まる」とはっきりと明言する教育実践家もいます。授業スキルとして注目が高い「発問」について考えましょう。

言葉かけ例

> バスの運転手さんは
> 何を見ているのでしょう？

NG 「教科書の発問はつまらない」などと思って、活用しないのはいけません。考え抜かれた１つの発問事例として、工夫をこらしながら活用していきましょう。

問われて気付く

「問われて気が付く」というように、教師が一生懸命に説明を続けてもまったく子どもの反応がないのに、発問のかたちにした途端に目の色を変えて学習活動に取り組むという場面が多くあります。

人は問われることで考えたくなるのです。よい思考をするためには、よい問いが必要なのです。発問が重要視される理由は、ここにあります。

発問に５Ｗ１Ｈを活用する

すぐれた発問を生み出せるようになるには、教師自身の努力と追究が必要ですが、有効な手立てとして「５Ｗ１Ｈ」を活用する方法があります。「何を」「誰が」「なぜ」「どこで」「いつ」「どのように」を活用して発問を組み込むのです。

前頁に例示した発問は、社会科授業名人の有田和正先生の有名な発問です。「何を」を問うことで運転手の安全意識を追究しています。

発問にも数を入れる

指示同様に、発問にも数を示す工夫を加えるとより効果的です。

例えば、理科の授業では、「口から入った食べ物はいくつの器官を通って肛門から出るのでしょうか？」と数で問うことで、子どもたちは予想しやすくなります。これが、「口から入った食べ物はどのような器官を通るでしょうか？」だけでは、子どもたちは思考することはできません。ぜひ、数を発問に入れてみてください。

FOLLOW UP!

発問をした後の子どもたちの反応を必ず注視してください。子どもたちの反応を見ることで、その発問の善し悪しを見極めることができます。

高学年だからこそ
「発言したい！」と思わせる言葉かけ

　「ハイ、ハイ！」と大きな声を出しながら挙手をして、勢いよく答えを言うような高学年の子どもは多くはいません。しかし、「発言」という行為は、子どもたちの学習成果に非常に大きな効果をもたらします。

言葉かけ例

📢 発言すると、学んだことが
しっかり記憶されます！

学んだことが
よく分かった！

学んだことが
覚えられた！

発言すると
記憶しやすく
なるよ！

ペアで発言し合う

グループで発言し合う

NG いきなり全体に対してこのフレーズを使うのは、子どもたちにとってハードルが高いでしょう。ペアトークなどから徐々に始めていきましょう。

発言させる目的は学習効果を上げるため

高学年にもなると、発言することを恥ずかしい、意味がないなどと思ってしまい、意欲的になれないでいる子どもがたくさんいます。また、教師側も、「発言する子はやる気のある子」などと、授業態度を評価するために発言させようとしている場面を見かけることも少なくありません。しかし、発言はやる気を見せるためではなく、学習効果を上げるために必要な行為なのです。

40秒話すだけで長期記憶に入りやすくなる

英国のサセックス大学の研究によると、「40秒間、声に出して人に説明することで、脳は活性化され、長期記憶に定着させやすい」ということが分かりました。つまり、人に話すという行為には、学びによって思考したことを記憶に残すことができる効果があるということです。自分の意見や学習によって導き出せたことを発言することが、確実に学習成果を高めていくのです。

発言する意味や効果を子どもたちに伝える

発言する人が、ただ単に「張り切っている人」「やる気のある人」などと短絡的に思われてしまっては、せっかくクラスで学習している意味がありません。発言の意味や効果を丁寧に伝えましょう。そうすることで、ペアやグループでの話し合いも活性化されていきます。

多様な意見が飛び交う授業であればあるほど、クラス全体にとっての学びが深まることに気付かせる言葉かけを行っていきます。

FOLLOW UP!

 話し合い活動の後に、「話せた人？」などと学習成果を確認することも大切です。「みんなが話している」ことを知らせることで安心感も生まれます。

間違えることの大切さを
定着させる言葉かけ

「失敗はしたくない」と思うようになるのが高学年の子どもたちです。これまではそんなこともなかったのに、だんだんと「失敗は恥ずかしいもの」と認識し始めます。一段高い失敗のとらえ方を伝えましょう。

言葉かけ例

失敗は「せいちょう」と読むんだよ！

NG 間違えることの大切さを伝えようと、意図的に失敗させようとしてはいけません。むしろ日頃から、失敗の意味や受けとめ方を語るようにします。

失敗の認識を変えさせる

　高学年の子どもたちにとって、失敗することは特に恥ずかしいことのようです。まずは、この認識を変える必要があります。そこでかけてあげたい言葉が、「失敗は『せいちょう』と読むんだよ！」です。

　これは、元プロ野球監督の野村克也さんの名言です。この言葉を子どもたちに示し、「どういう意味なのだろう？」と話し合わせてみてください。失敗についての考えが確実に深まります。

成功には失敗がつきもの

　もう1つ、あまりにも有名な言葉として、エジソンの「失敗ではない。うまくいかない1万通りの方法を発見したのだ」があります。この言葉とそこに含まれる意味も、ぜひ子どもたちに伝えていきましょう。こうした語りを積み重ねていくことで、「何かをなすには、失敗はつきものなのではないか」ということに子どもたちが自分自身で気付き始めます。

失敗おめでとう

　「失敗は成功の母」ともいいます。こうしたことを子どもたちが理解できれば、失敗への認識は変容できたといえるでしょう。そして、そうした様子が少しでも見られたら、すかさず「失敗おめでとう！」「成長のチャンス到来！」と、笑顔で言葉をかけます。

　クラス全員が失敗の意味を理解し、前向きにとらえられるようになれば、教師としての自信につながります。

FOLLOW UP！

子どもたちが失敗で落ち込んでいるときには、しっかり寄り添います。そして、子どもたちの気持ちが回復したら、再び失敗の意味を伝えていきます。

「学び合い、教え合う」システムが
生まれる言葉かけ

　学習内容がどんどん難しくなっていく高学年だからこそ、「学び合い、教え合う関係」を育んでいってほしいものです。では、どのような言葉かけをすれば、そうした関係を構築させられるでしょうか。

言葉かけ例

1人で考えるのと○人で考えるのと、どっちがいい？

友だちと学び合いや
教え合いをしてみましょう！
教えるのも勉強です！分からないことを
聞くのも勉強です！

NG

　間違っても、教師が楽をするために学び合いをさせるのではありません。あくまでも子どもの成長のためであることをしっかりと認識しましょう。

✅ 学級経営が教え合いの土台になる

　高学年ともなると、「学び合い、教え合う」という学習スタイルを多くの子どもが気に入って取り組みます。これまでの学年とは異なり、自分の学び方をすでに身につけていたり、友だち同士で協力しながら学習していくことにも慣れて、無理なく取り組むことができるようになっているからです。しかし、その大前提として、学級経営がうまくいっている状態でなければ、その効果は期待できないことも理解しておかなければなりません。

✅ 全員の力で教え合う

　「先生１人で教えるのと、このクラス全員の力を合わせて教え合うのと、どっちが勉強できるようになると思う？」と全体に向かって問いかけてみましょう。間違いなく、「クラス全員の力を合わせて教え合う」という答えが返ってくるはずです。

　教師１人が一方的に教えているだけでは質問もしにくいものですが、友だち同士なら気軽に質問も発言もしやすくなります。

✅ 教えるからこそ学びになる

　「友だちに教えることで、また一歩自分も賢くなれるね」と、教える側にもたらされる効果についても伝えていきましょう。

　教え合いが続くと、ときには「また教えるの？」という空気が流れることもあります。そんなときに、「教える人のほうこそ学びになっている」ことを気付かせるのです。

FOLLOW UP!

学び合いや教え合いの後は、お互いに「ありがとう」を伝えさせましょう。教えた側にも「勉強になったよ。ありがとう」と言わせるように指導します。

ペアトークやグループワークを
活性化する言葉かけ

　高学年の子どもたちは、ペアやグループで話すことに慣れてきてしまい、意欲的に取り組めなかったり別の話をしてしまったりすることも多々あります。話し合いをする際に活気づかせる秘訣は何でしょうか。

言葉かけ例

終わったところは「せーの」で手を挙げましょう！

NG 話し合いをしないペアやグループに詰め寄ってはいけません。それよりも、全体を意欲的に取り組ませる工夫を優先させましょう。

意欲を引き出す確認作業

　ペアやグループでの話し合いの時間をとると、クラス全体が一気に活気づきます。そうなると、一見、全員が意欲的に活動に取り組んでいるようにも感じますが、よく見れば、ペアやグループの中でうまく話ができていない子どもがいます。

　なぜ、そのように意欲的に取り組むことができていないのかといえば、「確認作業」が足りないことが原因です。

「せーの！」で挙手させる

　ただ話し合いを続けさせているのは厳禁です。例えば、「相談が終わったところは、『せーの』と息を合わせて手を挙げましょう」と指示を出し、揃って挙手をさせます。これは、山口県の福山憲市先生の実践によるものですが、こうした確認作業が入ることで、話し合いに緊張感が生まれ、さらに活動が活性化していくのです。

ペアやグループでも数で確認

　さらに、「いくつの意見が出ましたか？」などと、数を問う確認の方法も効果的です。「たくさんの意見が出ているといいですね！」と伝えながら、数を意識させるようにするのです。

　もちろん、話し合いをする前に、「3つ以上言い合いましょう」などと指示を出す方法も有効です。ペアやグループで話し合わせるだけで終わってはいけません。必ず、確認作業を入れましょう。

FOLLOW UP！

「3つ以上書けたペアはノートに花丸を書いておきましょう」などと指示を出し、共通の体験をさせるのも、話し合いを活性化させるための一工夫となります。

「もっと知りたい！ 学びたい！」と

やる気を仕掛ける言葉かけ

　高学年の子どもたちに、自分たちから「知りたい！」「学びたい！」を引き出すには、どのような言葉かけをすればいいのでしょうか。ここでは、子どもたちのやる気を引き出す工夫を押さえましょう。

言葉かけ例

今、何パーセントまで分かったの？

> ヒトの身体について学びました！何％まで理解できましたか？

> ヒトの身体について60％くらい分かったな……

> あとの40％を知りたいな！

NG ▶ 「勉強しなさい！」は禁句です。そんな当たり前すぎる言葉かけでは、高学年の子どもたちのやる気のスイッチは入らず、微動だにしません。

✅ 数値化で立ち位置を知らせる

例えば、「ヒトの身体のことについて、何パーセントまで理解できた？」と質問します。そして、子どもたちが「60パーセント」と答えたら、「あと40パーセント、どんな勉強をしたらいいかな？」と問いかけるのです。

高学年の子どもたちに、「知りたい！」「学びたい！」と感じさせるには、まずは、数値化させて自分の立ち位置を知らせていきます。

✅ 立ち位置を知らせるためのバリエーション

自分の立ち位置を知れば、人は学びたくなるものです。60パーセントであれば、あと40パーセントをどうすれば達成することができるのかを知りたくなるのが人間です。

授業においても、この心理を使わない手はありません。そして、「10点満点でいうと何点？」「山の頂上まではあとどれくらい？」などと、いろいろな言葉かけのバリエーションを使いこなしていきましょう。

✅ 称号をあたえる

ほめる言葉かけでも、子どもたちの「知りたい！」「学びたい！」のスイッチを入れることができます。

例えば、「○○博士だね！」「○○名人だね！」「○○の達人だね！」など、称号をつけてほめてあげるのが有効です。そして、「6年1組の血液名人といえば○○さんだよね」とクラス全員の前で取り上げることで、俄然やる気は引き出されます。

FOLLOW UP!

「名人・達人・免許皆伝・師匠」などと称号にランク付けすることで、さらに子どもたちから学習意欲を引き出していくことができます。

「もう自分たちで勉強できます！」と

子ども自身に言わせる言葉かけ

　高学年だからこそ取り組めることの１つに、「自主的な授業運営」がありますが、それを進めていく際に、子どもたちに任せるきっかけとなる言葉として、どのようなものを選べばいいのでしょうか。

言葉かけ例

もう先生は銅像になってもいいですか？

もう先生は
いらないよ！

銅像になる先生

NG 　伝え方を間違えると、「先生が楽をするためなの？」と子どもや保護者に不信感を抱かれてしまいます。はじめに趣旨をきちんと説明しましょう。

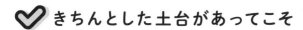 きちんとした土台があってこそ

　子どもたちから「もう自分たちだけで勉強できます」と言わせるためには、じっくりと時間をかける必要があります。丁寧な授業の積み重ね、学級経営の積み重ねがあってこそ、こうした言葉が生まれます。決して、この言葉を言わせようと焦ってはいけません。

　その力がついていない段階でこの言葉が出てきたときには、時期尚早であるということを念頭に置いておきましょう。

任せられる時期は自然にやってくる

　自主的な授業運営に取り組める具体的な時期としては、早くて11月、通常で2月くらいとイメージして待つのがいいでしょう。学級活動や授業の取り組みがしっかりと根付くには、これくらいの時間がかかるものなのです。

　「子どもたちに任せても大丈夫」という状態になったら、教師から、または子どもたちから、自然とそうした気持ちがあふれてくることでしょう。それまではじっくりと待っていてください。

教師が銅像に

　「もう子どもたちに任せても大丈夫」と思えたときに投げかけたい言葉が、「もう先生は銅像になってもいいですか?」です。子どもたちは「えっ?　銅像!?」と一瞬うろたえますが、教師が動かなくなることを瞬時に判断し、自主的な取り組みを始めていきます。

FOLLOW UP!

「自分たちで進めてみてどうだったか?」を必ずふりかえるようにします。そして、「自分たちで進めることのよさ」を子どもたちに実感させます。

性教育×言葉かけ

　性教育の大切さが再認識されています。最近は、小学校の現場でも、「LGBT」という言葉が聞かれるようになりました（LGBT とは、Lesbian ＜レズビアン、女性同性愛者＞、Gay ＜ゲイ、男性同性愛者＞、Bisexual ＜バイセクシュアル、両性愛者＞、Transgender ＜トランスジェンダー、性別越境者＞の頭文字をとった単語で、セクシュアル・マイノリティ＜性的少数者＞の総称の 1 つです）。

　同時に、これまで学校教育の中で積み上げられてきた性教育についても、引き続き重要な教育内容となります。

　最近の子どもたちは、インターネットの普及もあり、高学年にかかわらず性的なことに関する情報・知識を自分たちで得られる機会が非常に多くなってきました。しかし、正しく情報収集できているかといえば、まったくそうではありません。得た情報・知識を、間違った表現や場面で活用してしまうケースがほとんどです。

　しかし、そうした状況であるからこそ、小学校でも正しく性教育を行っていく必要があるのです。おそらく性教育を行う場面では、子どもたちはクスクスと笑ったり、変に恥ずかしがったりするかもしれません。そんなとき、教師は、そうした子どもたちの反応にひるんでしまう自分を受け入れながら、決して、子どもたちが漂わせてくる空気に飲まれてはいけません。

　「どうしておかしいの？」「大切な勉強だよ！」ときっぱりとした声で力強く伝えることを徹底します。子どもたちも、本当は性教育の必要性を理解しているので、教師の揺るぎない言葉かけによって、本来の学びに向かう姿を思い出すことでしょう。また、「○○について、どう思う？」などと質問を投げかけていけば、きっと子どもたちの学びや理解は充実したものになっていくはずです。

　性教育をはじめ、今や、さまざまな分野で「多様性」が求められています。定められた内容を教師が一方的に伝えていくのではなく、教師の言葉かけによって、子どもたちからも多様な考えや答えを引き出していく必要があるのです。

CHAPTER. 6

子どもたちの自治力を育む！
行事指導場面での言葉かけ

高学年ともなると、
学校行事は他の学年に比べて、
役割が増え、成長のための大きな節目となります。
効果的な言葉かけをしていくことで、
子どもたちの成長や自信につなげていきましょう。

押さえどころは「何のための学校行事か？」という問いかけ＆確認

「毎年行うことだから」という意識で取り組む行事が、子どもを成長させるでしょうか。また、そのような意識での行事を、子どもは主体的に取り組むでしょうか。まずは教師自身の意識改革が大切です。

学校行事のスタートは教師の意識から

毎年、学校では多くの行事が組まれています。入学式、運動会、学習発表会、作品展、音楽会、遠足、修学旅行、そして、卒業式。それらの行事は学校で決められ、「しなければならないもの」として取り組むことは事実ですが、そもそもなぜそれらの行事を開催するのでしょうか。そうした「そもそも論」を、まずは教師自身が行事ごとに丁寧に再確認していくようにしなければなりません。そうでなければ、子どもたちも主体的に取り組むことができません。

学校行事は「日頃の成果を出す場」

どの行事にも共通しているのは、「日頃の成果を発揮する」ということです。教師も子どもたち自身も、学習の成果や成長の節目を感じ取ることが目的です。そうしたことから考えると、行事のときだけではなく、「日頃からの取り組み」が積み重ねられていなければいけません。

高学年の子どもたちはそうしたことに敏感です。「そのときだけを見せる」ではなく「日頃の延長線にある」ことを確認し合いましょう。

 子どもたちの主体性を引き出すために

「どうして運動会に取り組むのか？」「どうして学習発表会を行うのか？」という目的について、行事ごとにまずはきちんと子どもたちと話し合うことが必須です。この話し合いを抜かしてしまうと、すべてが教師の言いなりで、ただこなすだけのものとなり、何の取り組みなのか、何を発表する機会なのかがぼやけてしまいます。

一から話し合うからこそ、子どもたちの主体性が湧き上がってくるのです。

ここがPOINT

ADVICE!

全体の話し合いが欠かせないからと、いきなり行うのではなく、先にクラスの代表の子どもたちと打ち合わせを行ってから挑むと、より効果的です。

自分たちのゴールを
きちんともたせるための言葉かけ

　学校行事のスタートは、「そもそも何のために取り組むか？」を話し合うことからと前述しましたが、では実際に、どのようにして子どもたちに目的をもたせるのかのポイントを押さえていきましょう。

言葉かけ例

この○○（行事名）を、
誰に贈りたいですか？

NG 　何も話し合わずに取り組み始めては、やらされているだけになってしまいます。話し合いの時間を必ずとって、気持ちや姿勢を整えさせます。

✔️ 発表は贈り物

よく「プレゼンは贈り物」といわれます。そもそも「プレゼンテーション」は「プレゼント」を語源とする言葉です。発表とは、まさにプレゼンのこと。そこで、誰にその贈り物を届けたいのかを考えさせるようにしましょう。そして、その届けたい人にどんな表情になってほしいのか、どんなことを感じてほしいのかを話し合わせるのです。

✔️ 見てくれる人の表情や思いを考えさせる

例えば、運動会であれば、「家族」「これまでお世話になった先生」「地域の人たち」など、高学年の子どもたちであれば、すぐにも見てくれる人のイメージが思い浮かんでくるはずです。そうして列挙するだけでも、自分たちが何を届けるべきかが見えてくるのです。

当然、「成長を見せたい」「感動を見せたい」「笑顔になってほしい」など、いくつも前向きな言葉が出てくるはずです。

✔️ こうして自主性が育まれていく

見てくれる人に自分たちの思いを届けるためには、また、そうした表情になってもらうためには、本番までどうやって過ごせばいいのでしょうか。次のステップとして、そうした問いを子どもたちに投げかければ、本番までの練習態度や心持ち、取り組み方について意見が交わされることでしょう。

こうした話し合いを繰り返し、自分たちの心持ちや臨む姿勢を子どもたち自身に整理させていくのです。

FOLLOW UP!

話し合ったことを実際に取り組み、表現している子どもをしっかりとほめましょう。話し合いから行動へとつなげていく効果が高まります。

自主的に練習に
取り組むようになる言葉かけ

学校行事は学年全体で取り組むことも多く、100人を超える子どもたちを集団で動かさなければならないこともあるでしょう。そんなときに有効なのが、「グループリーダーを取り入れる」ということです。

言葉かけ例

リーダーさん、
よろしくお願いいたします!

自分たちの運動会にしていこう!

リーダー

リーダー

リーダー

集団を細分化する!

NG 教師がリーダーを差し置いてはいけません。「リーダーの言うことは先生の言うことと同じです」というように、リーダーに権限をもたせます。

大きな集団を動かす鉄則

　大きな集団を主体的に動かしていく鉄則があります。それは、「チームをグループ化し、細分化する」ということです。例えば、100人の子どもたちが話し合いをしながら一気に前進していくことなどはなかなか難しいことであり、効率もよくありません。そんなときは、人数を少なくして、10人以下のグループをつくるようにします。

まずはリーダーに言葉かけを

　グループをつくったら、必ずリーダーを立てるようにしましょう。そして、リーダーを立てたら、できる限り、リーダーだけを集めて話を伝え合うようにします。また、各グループの進捗状況なども意図的にリーダーに聞くようにします。もしトラブルがあっても、教師がすぐには前に出ず、まずはリーダーに説明を求めます。
　努めてリーダーを活用していくことで、大きな集団を動かし、自主性も引き出すことができます。

教師からは「場・物・時」をあたえる

　各グループがリーダーを中心として自主的に進めていくために、教師は、「練習場所」「必要な物」「まとまった練習時間」という「場・物・時」をあたえていかなければなりません。この3つの要素は、グループが自主的に活動するために必要不可欠な要素となります。
　この3つの要素をあたえていく中で、「どんなふうに進めていくのか」など具体的な確認をリーダーと取り合っていくのです。

FOLLOW UP!

 リーダーとフォロワー（リーダー以外の子どもたち）をつなぐことも教師の役割です。フォロワーからリーダーへ「感謝」を伝えさせましょう。

トラブルを自分たちで
乗り越えさせる言葉かけ

行事の取り組み中にはトラブルがつきものです。むしろ、トラブルなくして成長はないといえるでしょう。では、どういう言葉かけで子どもたちがトラブルを乗り越え、ステップアップしていくでしょうか。

言葉かけ例

じゃあ、どうする？

Aさんがリコーダーでたたいていました

どう解決していくといいと思う？

リーダー

NG 子どもたちの話をじっくり聞いていないのに「じゃあ、どうする？」は NG です。十分聞いた上で、子どもたちにこの言葉を投げかけましょう。

取り組む初日に必ず伝えるべきこと

「トラブルはチャンスである」。行事に取り組み始める日、必ず子どもたちにこの言葉を伝えておきましょう。これを伝えておくかどうかで、子どもたちが主体的にトラブルに関われるかどうかが大きく左右されます。トラブルなくしてチームの成長はありません。これを、トラブルが起きる前に子どもたちに理解させておくのです。

トラブル対処の3段法

トラブルが起こった際の対処法も必ず伝えておきましょう。まず最初に、リーダーを中心に解決してみること。次に、教師とリーダーで相談して解決すること。それでもダメなら、教師の力で解決するという方法です。

もちろん、教師の力で解決することは最後の手段であり、できるだけ使わないように努力することも伝えておきます。

リーダーが相談に来たときにどうするか

トラブルの対処において大切なのは、第2段階のリーダーが教師に相談に来たときです。このとき、教師がどういったアプローチをするかによって、リーダーの成長が決まってしまうからです。

リーダーから一通りの報告を聞いた後、まずは「じゃあ、あなたならどうする？」と問いかけましょう。こちらが想定している以上に、子どもの中に解決策は眠っているものです。それを引き出してあげるのが教師の役割なのです。

FOLLOW UP！

リーダーだけに解決を任せると、負担が大きくなりすぎることがあります。協力し合う体制を強固にするためにもサブリーダーを2名ほど選んでおきましょう。

本番当日を
最高に盛り上げる言葉かけ

　子どもたちに本番当日を意識させることはとても大切です。しかし、本番をどのようにして子どもたちに意識をさせるといいのでしょうか。そのヒントとして、「3つの問いかけ」があります。

言葉かけ例

見たいものは？　　聞きたい音は？
感じたいことは？

NG ▶ 教師の問いかけで騒がしくさせては台無しです。子どもたちが集中してイメージできる環境をつくりましょう。

✔ イメージがあるから目標に向き合える

　「脳はイメージを実現しようとする」という機能があります。例えば、プロ野球選手の中に、「自分はプロ野球選手になるつもりはなかった」という気持ちでプロ野球選手になる人はいないでしょう。野球選手になった自分をイメージし、そのイメージと現実とのズレを埋めるために必死に努力をするのです。

　学校行事もそれと同じです。子どもたちに本番当日の成功をイメージさせて、それに向かってエネルギーを発揮させていくのです。

✔「視覚・聴覚・身体感覚×問いかけ」

　では、どうすれば子どもたちに本番当日の成功をイメージさせることができるのでしょうか。そのための言葉かけとして、「見たいものは？　聞きたいものは？　感じたいことは？」の3点について問いかけます。人は「視覚・聴覚・身体感覚」で情報を得ていると同時に、「脳は問いを避けられない」という機能も備えています。この2つの機能を存分に活用させるのです。

✔ それぞれの本番イメージをつかませる

　行事本番で得たいものは、それぞれの子どもによって異なるものです。教師の語りでは、1つのイメージしか伝えることができず、すべての子どもに合わせることはできません。しかし、問いかけを使い、子どもたち1人1人にイメージをつかませていくことによって、それぞれが本当に求める本番に気付かせることができるのです。

FOLLOW UP!

イメージを紙に書かせて、教師が全員の文を読むことも有効です。そうすることで、1人1人に合った言葉かけができるようになります。

成功を自分たちで
つかみ取らせる言葉かけ

　どうしても教師側からの伝達が多くなってしまう行事の取り組みですが、どうすれば「先生のおかげでできた」ではなく「自分たちの力で達成できた」と成功体験を味わわせてあげられるでしょうか。

言葉かけ例

リーダーさん、もう一度しますか？

NG リーダーとフォロワー（リーダーでない子ども）の信頼関係のない中ではこの言葉かけは NG です。本番までの集団づくりがカギになります。

子どもたちの達成感は教師の覚悟にかかっている

子どもたちが「自分たちの力で達成できた」を味わうためには、相当に教師の覚悟が必要です。たくさんの人が参観に来る学校行事の取り組みでは、多くの教師は不安からたくさんのことを子どもたちに教え込もうとしがちです。しかし、そうしたことを積み重ねれば積み重ねるだけ、子どもたちは「先生のおかげでできた」と教師の力を感じるばかりになってしまうのです。

 ## リーダーに練習内容を任せる

もちろん、取り組みの初期段階では、たくさんのことを教師が教えたり伝えたりすることになるでしょう。しかし、取り組みの後半では、できるだけ子どもたちに任せていくべきです。

例えば、合奏の通し練習のふりかえりも、まずは子どもたちに任せ、「リーダーさん、まずどうぞ」と一番にリーダーにコメントを求めるようにします。

 ## 「自分たちの力で達成できた」を実感させるために

特に本番直前の段階においては、ふりかえりの後に、リーダーに「もう一度練習をするかどうか？」の判断を求めるようにしましょう。「この先をどうするかは、リーダーさんが決めてください」と任せるのです。そして、どんな答えを出したとしても、リーダーが判断した通りにします。リーダーを通して子どもたちに任せることで、「自分たちの力で達成できた」と本当に実感させることができるのです。

FOLLOW UP!

 「みんなの力で進めている」ということを、しっかりと子どもたちにフィードバックしていきます。そのことを明確に価値づけていくのです。

元気・勇気・自信を
引き出す言葉かけ

「自分には自信がない」などと自意識が極端に芽生えるのも、高学年に見られる特徴です。また、失敗することを嫌がり、勇気を出すことから目を背ける子もいます。そうした子に効果的な言葉かけがあります。

言葉かけ例

「自信」なんて、
じつは存在しないんだよ！

自信って
何？

ハッハッ

何とかなる！

NG

「自信がない」ことを悪と誤解させないように注意しなければなりません。自信がない中でも、何とかなると思わせるようにするのが大切です。

思わず元気が出てしまう言葉かけとは

本番に向けて「元気があるかどうか」は大切なポイントです。やはり、気持ちが落ちた暗い状態で取り組むよりも、明るい元気な雰囲気で取り組むほうが成果も上がりやすいでしょう。そのためにも、まずは、練習前に「上を見よう」と言葉かけしていきます。

上を見ると人は自然に笑みがこぼれるものです。それから練習に取り組みます。

大きな勇気ではなく小さな勇気を

子どもたちは「勇気」と聞くと、何か大きなことをしなければいけないと思ってしまうようですが、それは間違いです。

勇気ある行動とは、まずは「小さな一歩」なのです。困っている友だちに声をかけたり、ほんの少しだけ大きな声を出したり、そうした小さなことをやってみることを伝えていきます。まずは、「小さな勇気」です。

「自信」よりも「何とかなる」

ある心理療法家は言います。「本当は自信なんて存在しません」と。自信とは自分自身への見方であり、その見方は本来自由です。もし自信がない子どもたちがいたら、「何とかなると思ってやってみよう」と声をかけてあげてください。

この「何とかなる」という楽観性がじつはとても大切なのであり、自然と緊張感から解き放ち、いつもの調子を取り戻してくれます。

FOLLOW UP!

教師自身の経験談なども、ぜひ、話してあげましょう。リラックス効果とともに、教師と子どもたちの気持ちの距離も縮めることができます。

行事の成功・失敗を次につなげる

ふりかえりの言葉かけ

　時間をかけて取り組んだ行事でも、終わると同時に、あっという間に日常に戻ってしまうことがあります。気持ちの切り替えも大切ですが、そのままで、子どもたちに学びを残すことができるのでしょうか。

言葉かけ例

今回の○○（行事）が教えてくれたことは何だろう？

NG 教師の価値観や一方的な思いを押し付けてはいけません。子どもたちはそれぞれに学びがあります。それを大切にしていきましょう。

書くことで自問自答の時間を

　行事が終わってからのふりかえりはとても大切な時間です。そして、できればふりかえりを文字にして書かせることが重要となります。対話だけでは消えてしまいますが、文字に書くことでしっかりと残すことができます。

　時間を十分にとって、じっくりと書かせるようにしましょう。そうすることで、自問自答の時間を確保することにもつながります。

感想ではなく学びを残す

　言葉かけの具体例として、「今回の○○（行事）が教えてくれたことは何だろう？」を挙げましたが、これによって、子どもたちにその行事を俯瞰的にとらえさせることができます。また、次につながるポイントを抽出することもできます。

　単なる感想であれば、「楽しかった」「またやりたい」となってしまいますが、この言葉かけは次へのステップを引き出します。

学校行事でも学びの積み重ねを

　前述の言葉かけによって、子どもたちは「仲間との協力を学んだ」「自分たちで進めることのおもしろさを学んだ」など、その行事が象徴していたことを書き記すことでしょう。

　こうした学びを書き残し、子どもたち同士で共有させることで、学校行事の学びを積み重ねることができます。そして、次なる学校行事へとつなぐことができるのです。

FOLLOW UP!

子どもたちの学びは、掲示したり、学級通信で取り上げたり、読み聞かせたりなどのさまざまな方法でクラス全員で共有していきましょう。

言葉かけを失敗すると

6年生を担任していたある年の運動会で、「あのとき、もっと工夫した言葉かけをしていれば……」という苦い思いを経験したことがありました。

太陽がギラギラと照りつける運動場で、私は、5・6年生150名ほどの前に立ち、団体演技「エイサー」の指導をしていました。エイサーのポイントは、足を上げること。どれだけ足を上げて演技をするかで、演技の出来栄えがうんと変わってきます。私は子どもたちが足を高く上げることができるようにと、必死になって声をかけ続けました。

「もっと、高く！」

「自分のおへそよりも上に！」

そして、ついには、「どうして上がらないんだ！　もっと上げないと最高学年としての演技ができないぞ!!」

と怒鳴りつける始末……。

今、こうしてそのときのエピソードを思い出しながら書いているだけでも恥ずかしくなってきますし、子どもたちにたいへん申し訳ない思いでいっぱいになってきます。どうして、もっとやる気を高める言葉かけができなかったのかと、後悔は尽きません。

例えば、クラスで自分たちの演技の様子を視聴し、どこが問題なのかを話し合い、「どうすればいいと思う？」と言葉をかければ、自然に子どもたちから「もっと足を高く上げたほうがいい」という意見が出ていたでしょう。自分たちで話し合ったことなので、次は自分たちで確認し合う雰囲気も生まれてきたと思います。そして、「がんばって足を上げてみよう！」という声がクラス中に飛び交ったことでしょう。

私自身の言葉かけのまずさで、子どもたちを正しい方向へと導くことができませんでした。もちろん、運動会自体は、子どもたちのがんばりがあって、演技は無事に完成し、本番は大成功でした。

しかし、教師として、もっと自分の言葉かけを工夫して、子どもたちの力を引き出すようにしていればと、私にとっては非常に悔いと反省の残る運動会となったのでした。

おわりに

　高学年児童の指導は、さまざまな要素を含み、低学年、中学年とは違った難しさがあります。

- 学習内容が難しくなってくる
- 教える教科が多い
- 委員会活動をはじめ、学校内でも責任のある立場になる
- 思春期を前にして不安定な時期を迎える
- 男女差の発達により大人の入り口に立つ
- さまざまな場面で高学年としての成果が求められる
- 宿泊行事などの指導も加わる

　もちろん、これらの要素を含むことでやりがいも増しますが、ときにはこうした波にのまれ、担任として目指す方向が見えなくなることもあるかもしれません。そんなときは、ぜひ、本書のことを思い出してください。

　高学年の子どもたちは、たくさんの可能性を秘めています。自分のこと、クラスのこと、そして、学校のことを動かす力をもっています。そうした力を引き出せるかどうかは、教師の「言葉かけ」がカギになります。教師の言葉かけを通じて子どもたちの力が引き出せれば、自ずと高学年の子どもたちは主体的に動いていくことができるようになります。

　自分たちの手で進め、自分たちの力で道を開拓するようになれば、次第に教師の指導も少なくなり、まさに子どもたちが主役となる学校生活を生み出していけるでしょう。こうなれば、教師自身も子どもたちの力を借りながら進めることができ、余裕が生まれます。そして、さらに適切な言葉かけを適切なタイミングで行うことができるでしょう。教師と子どもたちの間で、言葉かけを通じてプラスのサイクルが回り始めるのです。

　言葉かけを通じて、子どもたちのもつ力が存分に発揮される教室をともに目指していきましょう。

　　2020 年 8 月

連日、40 度を超える猛暑日が報道される酷暑の日に

丸 岡 慎 弥

著者紹介

丸岡慎弥（まるおか しんや）

1983年、神奈川県生まれ。三重県育ち。三重県伊勢市の皇學館大学卒業。

大阪市公立小学校勤務。教育サークルやたがらす代表。関西道徳教育研究会代表。日本道徳教育学会会員、日本キャリア教育学会会員。NLPやコーチングといった新たな学問を取り入れて、これまでにない教育実践を積み上げ、その効果を感じている。

教師の挑戦を応援し、挑戦する教師を応援し合うコミュニティ「まるしん先生の道徳教育研究所」を運営。自身の道徳授業実践も公開中。

著書に『やるべきことがスッキリわかる！　考え、議論する道徳授業のつくり方・評価』『話せない子もどんどん発表する！　対話力トレーニング』『小学1年生がなぜか言うことをきいてしまう教師の言葉かけ』（学陽書房）、『教師の力を最大限に引き出すNLP』（東洋館出版社）など多数ある。

オープンチャット
「まるしん先生の
道徳教育研究所」

＊本名、都道府県を明記できる方のみご参加ください。「丸岡の書籍を読んで」と入力ください。

高学年児童がなぜか言うことをきいてしまう
教師の言葉かけ

2020年10月22日　初版発行
2022年 4月15日　5刷発行

著　　者　　丸岡慎弥（まるおかしんや）

ブックデザイン　　スタジオダンク
DTP制作　　越海編集デザイン
イラスト　　坂木浩子
発 行 者　　佐久間重嘉
発 行 所　　株式会社 学陽書房
　　　　　　東京都千代田区飯田橋1-9-3　〒102-0072
　　　　　　営業部　TEL03-3261-1111　FAX03-5211-3300
　　　　　　編集部　TEL03-3261-1112　FAX03-5211-3301
　　　　　　http://www.gakuyo.co.jp/
印　　刷　　加藤文明社
製　　本　　東京美術紙工